Reinhard Florek

HEILENDE EDELSTEINE

Edle Steine
und ihre Wirkung
auf Körper, Seele und Geist

W0191248

WINDPFERD
Verlagsgesellschaft mbH.

Hinweis: Jeder ist für sich selbst verantwortlich!
Der Autor hat die Wirksamkeit seiner Methoden vielfältig geprüft. Dennoch kann keine Haftung für materielle, physische oder psychische Schäden aus der richtigen oder unrichtigen Handhabung hier vorgestellter Methoden übernommen werden, weder vom Autor noch von Seiten des Verlages.

1. Auflage 1989
2. Auflage 1991
3. Auflage 1992
4. Auflage 1993
5. Auflage 1994
6. Auflage 1995

© 1989 by Windpferd Verlagsgesellschaft mbH., D-87648 Aitrang
Alle Rechte vorbehalten
Umschlaggestaltung: Wolfgang Jünemann
Illustrationen: Peter Ehrhardt
Gesamtherstellung: Schneelöwe, D-87648 Aitrang
ISBN 3-89385-035-X

Printed in Germany

Inhaltsverzeichnis

Einführung

Der strahlende Glanz und die Farbenpracht der Edelsteine faszinieren die Menschen schon immer und ziehen sie in ihren Bann. Die energetische Kraft, die hinter ihrer äußeren Erscheinung steht, bleibt allerdings den meisten verborgen. Diese machtvolle Urenergie der Kristalle kann uns in weiten Bereichen unserer Persönlichkeit beeinflussen und in unterschiedlicher Weise heilend wirken. Die Edelsteine geben bereitwillig ihre lichtvolle Kraft an uns weiter und können darüber zu unseren Freunden und Wegbegleitern werden.

Die Meditation mit Edelsteinen wirkt auf unser Bewußtsein und führt uns in neue Erfahrungszonen. Die energetische Kraft der Mineralien wirkt auf unsere feinstofflichen Energiezentren (Chakren) ein, fördert so den Energiefluß unseres Körpers und bestimmt unser Wohlbefinden. Wir lernen dabei, die kosmische Energie bewußter wahrzunehmen, uns auf ihre Schwingung einzustellen und ihre Kraft zu nutzen. Diesem Prinzip folgen auf ihre Art ähnlich auch andere Heilmethoden.

So versucht man mit der Akupunktur auf den Energiekreislauf einzuwirken, indem man sich das Wissen um die Energieflüsse zunutze macht. Voraussetzung ist dabei, wie auch bei der Homöopathie, das Verständnis makrokosmischer Zusammenhänge, die in jedem Mikrokosmos ihre Entsprechung haben. Auch Runen sind Träger kosmischer Kraft. Sie übertragen sie nicht direkt, sondern vermitteln sie uns über die Symbole, welche sie darstellen.

In allen diesen und ähnlichen Fällen geht es darum, das Bewußtsein für die kosmischen Gesetze und Zusammenhänge zu erschließen und die daraus zu gewinnende Erkenntnis nutzbar zu machen. Nur unter dieser gleichen Voraussetzung können die verschiedenen Heilmethoden zusammenwirken und das physische und psychische Wohlbefinden fördern.

Es muß natürlich klar sein, daß die Kraft, die aus dem Umgang mit den kosmischen Energien erwächst, nur zur Unterstützung des Heilprozesses und zur Bildung eines ganzheitlichen Bewußtseins eingesetzt werden darf. Ihre Ausnützung zu selbstsüchtigen oder zerstörerischen Zwecken kann nur schaden und fällt mit ihrer geballten Energie irgendwann auf den Verursacher zurück, schädigt ihn materiell, physisch oder psychisch und kann ihn sogar vernichten. Wir kennen aus alten Überlieferungen, aus den Sagen und Märchen aller Kulturen die Geschichten von Zauberern und Magiern, die am Mißbrauch ihrer Macht grausam zugrunde gingen. Deshalb kann man nicht genügend eindringlich auf die Notwendigkeit hinweisen, daß die Kenntnisse um die Heilkräfte der Natur gründlich erlernt und bewußt und verantwortlich angewendet werden müssen. Auf diese Weise lassen sich die verschiedenen Heilmethoden miteinander verbinden und ihre Wirkungen verstärken. Im Idealfall hilft die reine, leuchtende Ausstrahlung der Edelsteine selbst, uns vor finsteren Gedanken zu bewahren und den Umgang mit ihnen heilsam und hilfreich werden zu lassen.

In diesem Buch stelle ich einige Heilmethoden vor, deren Wirkung in Verbindung mit einer Edelsteintherapie verbessert werden kann. Damit möchte ich Praktikern, die mit einer oder mit mehreren dieser Methoden arbeiten, den Zugang zu den Edelsteinen und ihrer Heilwirkung erleichtern. Besonders die Erfahrungen, die mit Kristallen gemacht worden sind, eignen sich wegen ihrer grundsätzlich positiven Ergebnisse zur weiteren Verbreitung. Ich stelle hier unterschiedliche Methoden vor, ohne allerdings einen Anspruch auf Vollständigkeit zu erheben. Der Umfang meiner Ausführungen ist dabei kein Maßstab der Wertigkeit der einzelnen Methoden, sondern ich gehe einfach auf die von mir selbst praktizierten Methoden etwas ausführlicher ein.

Dieses Buch ist ein Übungsbuch, das dem Zweck der Heilung durch Bewußtwerdung dient und dieses Ziel in drei Schritten zu erreichen sucht:

In einem ersten Schritt wird die Meditation erläutert, aus der heraus Heilung und Bewußtsein erst möglich werden, weil die Meditation die Verbindung zwischen den Energieströmen unseres Körpers und der Energie des Kosmos herstellt. Ich werde in diesem Teil des Buches die kosmologischen und psychologischen Voraussetzungen der Meditation mit Edelsteinen erklären.

Der zweite Schritt ist die Edelsteinmeditation selber. Hier will ich Sie dazu anleiten, die Kraft der Edelsteine in der Meditation zu erleben, die Ihrem Bewußtseinszustand angemessen ist und Ihren persönlichen Heilzwecken dient.

In einem dritten Schritt werden, wie oben bereits angesprochen, andere gebräuchliche Heilmethoden vorgestellt und ihre Ergänzung und Verstärkung durch die Heilkraft der Edelsteine erläutert.

Schließlich enthält das Buch einen weiteren Abschnitt, der als praktische Orientierung für Ihre Übungen und Ihren persönlichen Umgang mit den Edelsteinen dient: die Wahl des richtigen Ortes, die nötige Pflege der Steine sowie im Anhang eine alphabetische und eine nach ihren Heilwirkungen geordnete Liste der Steine.

I. Voraussetzungen jeder Heilbehandlung

Kosmos im Kristall

Betrachten Sie einmal in Ruhe und mit Aufmerksamkeit Ihre Umwelt. Sie werden schnell merken, daß Sie Teil eines großen Gefüges sind. Wenn Sie über Ihre engen, alltäglichen Verflechtungen und Verpflichtungen hinausschauen, dann finden Sie sich in einem universalen Ganzen wieder. Die kosmischen Schwingungen des Universums bestimmen den Lauf der Gestirne und beeinflussen alles Leben auf unserem Planeten. In allem können Sie die harmonischen Schwingungen wiederentdecken und Verständnis für die kosmischen Zusammenhänge gewinnen. Dies Wissen um das Zusammenwirken zwischen Mensch, Erde und Kosmos können Sie wieder erlernen, beispielsweise im Umgang mit Steinen.

Unsere Erde umgibt ein Energienetz, das von Norden nach Süden und von Osten nach Westen verläuft. Es wird durch eine Anordnung von riesigen Kristallen, die sich unter der Erdkruste befinden, aufrecht und funktionstüchtig erhalten. Diese Kraftlinien bilden ein Energiegeflecht von der Erde bis hin zu allen Planeten und Sternen im All, die die Lebewesen mit ihren Schwingungen verbinden und unser Bewußtsein lenken.

Die alten Völker erkannten schon sehr früh den heiligen Sinn und Zweck dieser immensen Energiereservate und dessen großen Nutzen für unsere Welt. Sie errichteten deshalb an vielen heute teilweise noch sichtbaren Stellen ihre Kultstätten und Tempel. Diese Orte sind uns als Orte der Kraft und Heilung bekannt. Die Tibeter nannten die Verbindungslinien zwischen diesen heiligen Zentren »tellurische Kraftlinien« und sie glaubten, daß die alten Götter sich über diese Kraftlinien Botschaften übermitteln konnten. Die Telluren, vorbuddhistische Gottheiten, waren die Hüter dieser Kraftorte. Die keltischen Druiden wiederum nannten sie Ley- oder Schlüssellinien, auf denen sie sich nach alten Überlieferungen schwebend von Ort zu Ort fortbewegen konnten. Heute sind diese Energiebahnen jedoch weitgehend unterbrochen. Vielleicht ist deshalb unsere Erde mit ihren Bewohnern in so große Disharmonie geraten.

Dieses die Erde umgebende Energienetz findet seine Entsprechung in den Energiebahnen, die den Körper jedes Lebewesens umgeben. Diese Akupunkturmeridiane stehen in direkter Verbindung zum Universum und verweisen auf den Zusammenhang zwischen Mikrokosmos und Makrokosmos. Ebenso ist unser Körper der Polarität unterworfen, bewegt sich zwischen Nord- und Südpol. Jedes Organ, jede Zelle schwingt in diesem energiegeladenen kosmischen Reigen aller kleinen und kleinsten Teilchen mit.

Alle kosmische Energie und die in jeder Form uns umgebende und innewohnende Energie ist keine konstante, an einen Ort gebundene feste Sache, sondern eine in ständigem Fluß befindliche Form von Geist und bewußtem Sein. Bewußtseinsenergie hängt immer von dem Gedanken desjenigen ab, der sie aussendet und ihnen eine Richtung gibt. Sie können also durch schlechte und gute Gedanken wirken, können andere beeinflussen, aber auch bei sich selbst den Grundstein zu einer Krankheit legen. Hier sollten Sie sich die universalen Zusammenhänge und die Harmonie der Schwingungen bewußt machen. Mit Hilfe eines Kristalls können Sie blockierte und festsitzende Energie lösen und in Fluß bringen.

Doch ein Stein allein heilt noch nicht. Er kann unterstützend und transformierend wirken, wenn man selbst die Heilung will. Jede Heilung, ob sie von einem Medikament bewirkt wird oder ob der Impuls zur Gesundung von einem Edelstein ausgeht, kann nur dann von Dauer sein, wenn Sie sich um das Erkennen der Ursachen ihrer Probleme bemühen. Der Heil-Bringende kann versuchen, mit allen ihm zu Gebote stehenden Mitteln das Wohlergehen des Kranken zu verbessern, wenn dieser wirklich gesund werden will.

Zu jeder Zeit gab es Menschen, die in der Lage waren, Lebewesen zu helfen. Sie konnten zum richtigen Zeitpunkt den entscheidenden Anstoß zur Aktivierung des Selbstheilungszentrums geben. Das Wort, der Wille und die Vorstellungskraft spielen bei jeder Art von Heilung eine große Rolle. Wer nicht gesund werden will, dem ist beim besten Willen nicht zu helfen!

Zur Aktivierung energetischer Kräfte können Sie sich Hilfe aus der Natur selbst verschaffen. Glanz, Farbe und ausgefallene Strukturen der Edelsteine drängen sich schnell auf. Bereits die Auswahl unter ihnen ist eine unbewußte Reaktion auf den Einklang mit Ihrer individuellen Energie. Die Kraft der Edelsteine liegt schon in dem gebündelten Licht, das Sie beeinflußt. Jedes Licht sendet in Form von Wellen und Impulsen verschiedene Informationen aus und erreicht Ihre Körperzellen mit Farben und Licht. Die Edelsteine in ihrer vielfältigen Farbenpracht sind auf diese Weise ein Schlüssel für die Botschaften des im Licht verborgenen Urwissens, denn sie vermitteln den Zugang zum reinen göttlichen Licht. Sie sind seine kleinen, göttlichen Vorboten, die in Steine eingeschlossenen Urkräfte des Sonnenlogos. Den Menschen, die den Einklang mit den Geheimnissen der Natur nie verloren oder aber wiedergefunden haben, war das nie verborgen.

Die unermeßliche schöpferische Kraft des Universums wird in den Edelsteinen wie in einem Prisma gebündelt und kann ebenso konzentriert weitergegeben werden. Ihre energetische Kraft zeigt sich schon in ihrem strahlenden Glanz. Edelsteine sind urälteste Boten des Lichts; sie weisen den Weg zur kosmischen Einheit und fördern einen harmonischen Gesamtzustand im Menschen. Wer zu sehen vermag, der erkennt den Kosmos im Kristall.

Der auf unserer Erde am häufigsten vorkommende Quarzkristall sendet und empfängt Impulse, ganz ähnlich wie das menschliche Gehirn. Wenn wir frei und intelligent genug werden, uns auf die Wellenlängen der kosmischen Sender und Empfänger einzustellen, dann werden wir auch in der Lage sein, die unendlichen Kraftreserven des Universums besser zu nutzen als bisher. Wir können uns in einen Kreislauf einschalten, der uns erlaubt, nicht nur zu nehmen, sondern auch zurückzugeben.

Das Ungleichgewicht im Energiegefüge und damit auch die Unzufriedenheit vieler Menschen hängt mit der von ihm selbst verursachten Veränderung des natürlichen Umfeldes zusammen. Ich bin fest davon überzeugt, daß wir wieder mit der geistigen Urkraft in Kontakt treten müssen, um Anschluß an die Weltenseele zu bekommen, damit das Leben ein Prozeß der Wiedererfahrung und des Ganzwerdens im Einklang mit dem göttlichen Selbst sein kann. Dies wird von der Bewußtseinsenergie jedes Einzelnen bestimmt. Seine kreativen Gedanken besitzen soviel Kraft, daß sie sich in der Wirklichkeit materialisieren können. Der Mensch ist so, wie er denkt. Er bestimmt dadurch auch seinen Lebensweg. Wenn wir lernen, uns von Lebensängsten und Hemmungen und den daraus resultierenden Krankheiten zu befreien, indem wir die Ursachen ergründen, werden wir nach und nach zu unserem Kraftzentrum zurückfinden, zu kreativer Selbstverantwortung. Mit diesem neuen, wiedererstarkten Energiekörper ist es dann leicht möglich, aus den dumpfen in höhere Oktaven zu schwingen. Die Mittel, unsere Energie auch materiell zu fördern, sind in der Natur vorhanden, seien es Kräuter, Edelsteine oder anderes. Wir werden lernen, die Menge aller uns umgebenden Energieformen wiederzuentdecken und sie in unser Bewußtsein aufzunehmen.

Krankheit und Heilung

Die große Herausforderung der Menschheit liegt heute in den Krankheiten, die der Mensch selbst verursacht hat. Sie sind Alarmzeichen und körperlicher Ausdruck mental bedingter Funktionsstörungen. Das Bewußtsein beeinflußt unser körperliches Wohlbefinden. Der Grund für eine Krankheit ist zuerst in unserer gesamten Verfassung zu suchen und nicht in einzelnen Faktoren wie Viren oder Bakterien, die so gerne als Urheber der Krankheit vorgeschoben werden. Damit versperren wir uns aber den Zugriff auf den Kern einer Krankheit und verhindern so jede tiefgreifende echte Heilung. Wenn wir uns dessen bewußt werden, können wir über die Chakren, die ich noch erläutern werde, die Hilfe der Steine aktiv nutzen und mittels bestimmter Übungen Energiestaus auflösen und den Heilungsprozeß einleiten.

In der Vergangenheit traten besonders Lungenentzündungen und Herz-/ Kreislauferkrankungen auf. Heute sind es die sogenannten «Elektrokrankheiten» wie Allergien, Krebs und Aids. Früher wurden Organe direkt befallen, heute werden zunächst einmal die einzelnen Zellen zerstört bzw. wuchern unkontrolliert, bevor dann die Organe befallen oder zersetzt werden. So kann man heute nicht mehr allein von Krankheit, sondern zum Teil schon von »innerer Auflösung« sprechen. Aids hat sich anfangs über sexuelle Energie verbreitet. Diese Energieform ist vielleicht die wirksamste. Sie ist das Bindeglied zwischen unserem göttlichen Ursprung und dem menschlichen Körper. Sie bewirkt den Eintritt und auch den Austritt aus dieser Welt. Aids, so könnte man sagen, ist also die richtige Krankheit für unsere Zeit, denn die sexuelle Verwirrung, die auf einem Mangel an Liebe und der Unfähigkeit, sich selbst zu ergründen, beruht, wird hier sichtbar.

Krankheit ist ein Fehlverhalten des physischen Körpers, die fast ausschließlich mit Angst verbunden ist, einer Blockade der Hypophyse. Sie sendet polarisierte Wellen, falsche oder keine Informationen an die nachgeschalteten Drüsen. Schuld daran sind Frequenzüberlagerungen, durch welche die Hypophyse in ihren

Steuerungsaufgaben blockiert wird. Diese Blockade im Steuerleitsystem bedeutet auch eine Kommunikationsstörung zwischen dem physischen und dem feinstofflichen Körper, der Aura. In diesem Bereich, welcher der Steuerung vorgelagert ist, wirken sich alle Spannungen aus, die den seelischen Bereich betreffen.

Am Ort einer Blockade entsteht ein Energiestau, den ein Aurasichtiger oder Pendler jederzeit entdecken kann. Hier sollte der Therapeut zuerst gezielt einwirken. Ein Pendelkundiger kann leicht feststellen, daß das Pendel hier einen Linkskreis beschreibt oder sogar vom Körper wegschlägt. Linkskreise bedeuten, daß das betreffende Organ falsch gepolt ist. Steht das Pendel still, ist dort eine Vollblockade und schlägt das Pendel vom Körper weg, befindet sich dort eine Entzündung.

In der Schulmedizin ist Heilung eine chemische Veränderung in Zellen und Organen, die durch Zugabe von chemischen Stoffen erreicht werden kann. Diese Sympton-Korrekturen beeinflussen in keiner Weise den Energiekreislauf. Deshalb ist für mich Heilung die Erfahrung des «Ich-Bin», des bewußten Seins. Sie umfaßt die Reinigung aller Energien auf allen Seinsebenen, physisch, mental und emotional. Bei jeder Art von Heilung müssen die Gesetze des Karmas berücksichtigt werden. Jedes Bemühen um Heilung wird erfolglos bleiben oder· sich negativ auf den Heiler selbst auswirken, wenn die kosmischen Gesetze nicht respektiert werden. Der Heilungsprozeß kann auch dadurch blokkiert sein, daß der Patient seine Krankheit aus emotionellen Gründen braucht. Wenn er nur durch sein Leid Aufmerksamkeit, Liebe und Zuwendung bekommt, wird er weiterhin krank bleiben wollen, egal wie groß unser Bemühen um Hilfe ist.

Heilung kann dann beginnen, wenn wir unseren eigenen Bewußtseinszustand oder den eines Patienten grundlegend wandeln. Die Öffnung zu kosmischen Energien ermöglicht eine Veränderung, die Heilung erst möglich macht. Diese Bewußtwerdung kann aktiv von einer Edelsteintherapie unterstützt werden. Mit Hilfe der Kristalle können wir z.B. in Meditationen die Chakren aktivieren, um eine Schwelle der Seinserfahrung zu überschreiten. Wir können lernen, die von Erbmasse und Umwelt geprägten Grundstrukturen unseres Seins umzuwandeln. Einsicht in die Zusammenhänge auch kosmischer Natur ermöglicht erst die freie Bestimmung des eigenen Selbst und damit des seelischen und körperlichen Gesamtzustands.

Aura und Chakren

Die Bewußtseinsenergie der Seele materialisiert sich nicht allein im Körper. Zusätzlich zu unserem physischen Sein gibt es noch eine subtile oder feinstoffliche Anatomie, die normalerweise unsichtbar ist. Sie umfaßt die Aura, die den physischen Körper umgibt, sowie die Hauptzentren der Vitalkraft, die Chrakren. Hellsichtige beschreiben die Aura oder Bioplasmahülle im allgemeinen als eiförmige, farbig leuchtende Strahlung, die den physischen Körper umkreist und durchdringt. Sie ist in ständiger Bewegung und reagiert auf Informationen aus ihrer Umgebung und auf Verschiebungen im Denken, Fühlen und körperlichen Wohlbefinden.

Wörtlich übersetzt heißt Aura: »Hauch«. Tatsächlich erscheinen die schimmmernden Energieschichten, welche die menschliche Aura ausmachen, wie ein durchleuchteter Hauch. Die sieben Hauptchakren, die man auch als Energieverteiler bezeichnen kann, strahlen in die Aura hinein. Das gesamte Energiefeld, das den Körper umgibt, besteht aus drei Schichten: dem »ätherischen« Körper, dem »Astral- oder Emotionalkörper« und dem »Mental- oder Kausalkörper«. Der ätherische Leib umgibt den physischen Körper etwa fingerbreit. Durch ihn empfangen oder übermitteln wir die Vitalenergie oder Lebenskraft, die die Inder als »Prana«, die Japaner als »Ki« bezeichnen.

Der Astralleib dehnt sich etwas weiter um den Körper herum aus. Er entsteht in enger Verbindung mit dem emotionalen Zustand und dem Denkmuster jedes Lebewesens. Durch diesen Leib können wir die Stimmungen und Schwingungen der anderen Lebewesen spüren. Negatives Denken oder ungelöste Probleme können von diesem Teil der Aura in die ätherisch-körperliche Ebene gefiltert werden und sich dann als Krankheit äußern. Den Mentalkörper schließlich kann man als Teil der menschlichen Aura wahrnehmen. Sein Umfang richtet sich nach der spirituellen Entwicklung der Person.

Die sieben Hauptchakren sind Energiezentren des Körpers, die in den ätherischen Leib ausstrahlen. Hellsichtigen erscheinen sie als wirbelnde kegelförmige Strudel oder als untertassenförmige Vertiefungen, je nach Gesundheit und geistigem Reifegrad der Person. Die Chakren können auch als feinstoffliche Sinnesorgane bezeichnet werden, da sie Energien und Informationen aufnehmen, die über ein physisches Verstehen hinausgehen. Sie können sowohl an der Rückseite als auch an der Vorderseite des Körpers wahrgenommen werden. Oft werden sie als Lotusblüten dargestellt, jedes mit einer anderen Anzahl von Blütenblättern, die die Kanäle darstellen, durch welche die kosmische Energie fließt. Das Scheitelchakra soll 1000 solcher Blätter haben. Jedes Chakra wirkt auf bestimmte Körperzonen ein. Ein Gleichgewicht zwischen den Chakren sorgt für maximale Vitalität und Gesundheit. Eine Blockade an einem oder an mehreren Chakren – verursacht durch physische oder emotionale Verletzungen – führt zu Fehlfunktionen in den entsprechenden Teilen des Körpers, die sich in Krankheiten äußern.

Ich gebe im folgenden eine kurze Erläuterung der physischen und psychischen Wirkung der sieben Hauptchakren.

Das 7. Chakra – das Wurzelchakra: Es wirkt auf die Nebennieren und die Region der Beine, Füße, Genitalien, Anus, Steißbein und Nieren. Auch beeinflußt es den Selbstbehauptungs- und Überlebenswillen.

Das 6. Chakra – das Nabelchakra: Es wirkt auf die Keimdrüsen, Becken, Lendenwirbel, Kreuzbein, Genitalien, den Bauchraum und das Fortpflanzungssystem. Es steuert die Vitalität, Motorik, Sexualität, Ausdrucksweise und Erdung.

Das 5. Chakra – das Milzchakra: Es steuert die Rezeptoren der Pankreas und strahlt auf die Bereiche des Lendenwirbels, Magen, Gallenblase, Leber, Zwerchfell und Nervensystem. Im spirituellen Bereich kanalasiert es die emotionale Energie, persönliche Macht und das Begehren.

Das 4. Chakra – das Herzchakra, auch Chakra der Heiler genannt: Es wirkt auf die Thymusdrüse ein (griechisch bedeutet es »Mut«) und beeinflußt das Herz, die unteren Lungen, den Brustkorb, die Brüste, den Kreislauf und die Brustwirbel. Es sorgt für die Entwicklung der Liebe, des Mitleids und dafür, daß allen Lebensformen Respekt entgegengebracht wird.

Das 3. Chakra – das Halschakra: Es reguliert die Schilddrüsenfunktion und ist zuständig für Arme, Hände, Hals, Mund, Stimme, Lunge, Atmungssystem und Halswirbel. Die Kreativität, der Selbstausdruck und das Hellhören haben hier ihr Steuerungszentrum.

Das 2. Chakra – das Stirnchakra: Die Hirnanhangdrüse wird von hier aus gesteuert. Diesem Regelkreis angeschlossene Körperbereiche sind die Stirn, die Ohren, die Nase, der Schädel, die Medulla oblongata und das Nervensystem. Hellsehen, Intellekt und Intuition erhalten durch dieses Chakra ihre Energie.

Das 1. Chakra – das Scheitelchakra: Es steuert die Zirbeldrüse und ist zuständig für Schädel, Hirnrinde und Augen. Die spirituelle Seinsentwicklung sorgt für die Erlangung der höheren Transzendenz, das Überbewußtsein oder das »Ich-Bin«.

Im Falle einer Krankheit oder anderer Störungen können die Energiezentren blockiert sein. Um eine solche Blockade aufzulösen oder die Chakrenenergie zu aktivieren, sollte bei einer Behandlung immer folgende Reihenfolge eingehalten werden:

1. Halschakra
2. Stirnchakra
3. Scheitelchakra
4. Nabelchakra

5. Milzchakra
6. Herzchakra
7. Wurzelchakra
8. Linkes, dann rechtes Überchakra
9. Linke Hand, dann rechte Hand
10. Mitte Knie, zwischen den Knien
11. Rechtes, dann linkes Knie
12. Linker, dann rechter Fuß
13. Kreisen über dem ganzen Körper, wenn alle Chakren aktiviert sind, bis wir zu einem einzigen Chakra werden

Alle Chakren haben ein Gegenchakra, das auch dementsprechend eine andere Spannung hat. So befindet sich z.b. das Gegenstück des Halschakras außerhalb der Halswirbelsäule. Während das Halschakra eine Pluspolarität aufweist, können wir beim Genickchakra eine Minuspolarität feststellen. Dies gilt für alle Hauptchakren mit Ausnahme des Scheitelchakras. Hier sind andere Gesetzmäßigkeiten vorgegeben. Das Scheitelchakra steht mit den Überchakren in direkter Verbindung.

Die Überchakren

Mit Überchakren bezeichnen wir die drei Energiebälle oder Neutrinos, die ständig um unseren Kopf herumkreisen. Zwei von ihnen kreisen in Höhe der Ohren horizontal um den Kopf und das dritte umkreist den Körper vertikal. Die höchste Stelle der Umkreisung liegt etwa 30 cm über dem Scheitelchakra.

Diese Neutrinos kommen am Kreuzungspunkt über dem Stirnchakra mit diesem in Berührung. Das Stirnchakra dehnt sich wie eine Spirale ständig aus und zieht sich auf dem gleichen Spiralenweg wieder zusammen. Über diesen Weg geben die Neutrinos Informationen und Energiestöße weiter, die Impulse auslösen und das Stirnchakra aktivieren. Von hier geht ein Impuls aus, der einen Energiestoß vom Stirn- zum Scheitelchakra auslöst. Von dort gibt es einen Rückimpuls zum Stirnchakra, weiter zum Halschakra über alle Chakren bis zum Wurzelchakra.

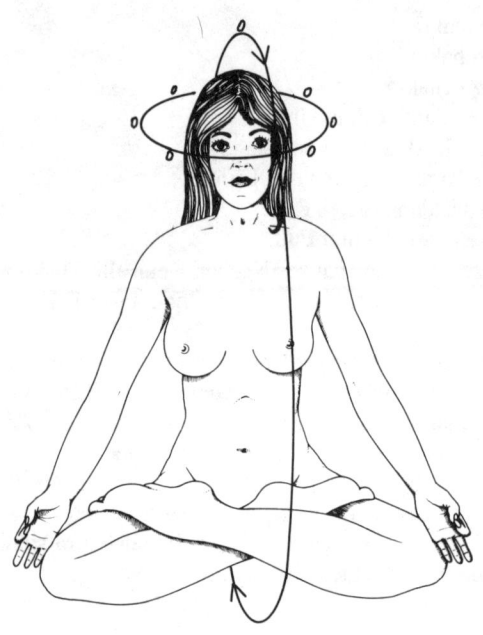

In den Neutrinos liegt der göttliche Urfunke, der Bezugspunkt zum Allwissen. Hellsichtige bezeichnen diese Anlaufstelle als Akasha-Ebene. Das obere Neutrino steuert den sogenannten Lebensfaden in unserem Körper und gibt zum gegebenen Zeitpunkt den Impuls zum Sterben, der den Lebensfaden auflöst. Bei diesem Vorgang schütten die Drüsen sogenannte Todeshormone aus, durch die der Zelltod eintritt. Bei diesem »Cyclus interruptus« vereinen sich die genannten drei Neutrinos, um sich vom physischen Körper zu lösen und in die höhere Seins- oder Seelenebene zurückzukehren. Diese Überchakren sind als der bekannte Heiligenschein Erleuchteter und Heiliger überliefert.

II. Die Edelsteinmeditation

25 Meditationsübungen

Vorbereitung

Die Meditation mit Edelsteinen ermöglicht jedem eine Bewußtseinserweiterung, die sowohl die Verbundenheit mit dem Kosmos herstellt als auch ins eigene Selbst zurückführt. Bei den praktischen Übungen mit Steinen können Schmerzen freigesetzt werden, die aber für den Heilungsprozeß notwendig sind. Sie weisen deutlich auf die angesteuerte emotionale Energie, die sich langsam freimacht und wieder zu fließen beginnt, wenn die Blockade in den Energiezentren gelöst wird. Es gibt keine Trennung mehr im Bewußtsein, nur ein Gefühl von Einssein und Selbstsein. Bewußtsein bedeutet nichts anderes als bewußtes Sein, das in Meditationen geübt werden kann. Dieser Prozeß wird in der praktischen Anwendung von der Energie der Edelsteine hilfreich unterstützt.

Die angegebenen Steine sind auf jede einzelne Übung abgestimmt. Dabei sind rohe, unbehandelte Steine in ihrer Wirkung sehr viel intensiver als getrommelte, also bearbeitete Steine. Alle Steine sind in den üblichen Läden erhältlich, können zumindest dort bestellt werden. Sollte Ihnen der ein oder andere Stein dennoch nicht zur Verfügung stehen, so können Sie in jedem Fall für die Meditationen den Bergkristall oder einen Amethyst als Ersatzstein verwenden.

Vor jeder Heilung sollten unbedingt nachfolgende Übungen beachtet werden. Der Therapeut muß den Vorgang der Bewußtwerdung mit der Umgebung, in der sich die Heilung vollzieht, in ein Gleichgewicht bringen, um die Störungen im Energiefeld des Patienten berücksichtigen zu können. Dazu kann die im Kapitel Runen beschriebene Hagal-Rune eingesetzt werden. Ein erfahrener Pendler wird auch leicht den Ausgleich von Yin und Yang feststellen können. Über der Fingerspitze muß das Pendel bei richtiger Polarität einen Rechtskreis beschreiben, über den Fingerknöcheln muß es still stehen oder einen Strich beschreiben, über dem Handgelenk einen Linkskreis.

Die nachfolgenden Übungen dienen dem Ausgleich des vorhandenen Energiefeldes mit der kosmischen Energie. Zur Vorbereitung auf eine Heilung sind sie unerläßlich, da erst durch diese Übungen die Energie des Patienten zu spüren und die Kräfte der Steine im kosmischen Gefüge zu aktivieren sind.

Eine Frau schließt die rechte Hand, ein Mann die linke zur Faust. Die andere Hand wird zur Lotusblüte geformt. Die Gedanken richten sich auf folgendes: Alles, was uns belastet, wandeln wir in kosmische Energie um und transformieren diese Allenergie in Wachstumsenergie für den Baum, die Pflanze, die Wiese, die Blume. Wir richten die Energie gezielt auf sie, indem wir die drei gestreckten Finger dorthin wenden. Die Pflanzen nehmen seit jeher das von uns auf, was uns belastet, wie es auch das Wasser macht. Sollte gar keine Pflanze in der Nähe sein, so wandeln Sie die Energien in planetarisches Bewußtsein um. Schütteln Sie Ihre Hände aus, um die angestaute Energie auszutauschen.

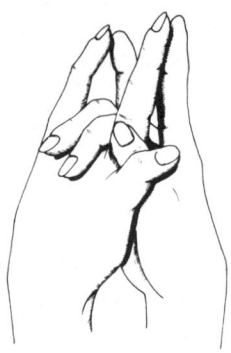

Es gibt viele Möglichkeiten, den notwendigen Ausgleich von Yin und Yang zu erreichen. Mit der nachfolgenden Übung gleichen Sie Überlagerungen von Energien aus. Mittelfinger und Ringfinger der rechten Hand knicken Sie ein, Zeigefinger und kleiner Finger sind gestreckt. Ring- und Mittelfinger der linken Hand legen Sie auf die der rechten und falten die Hände. Die Daumen liegen parallel nebeneinander.

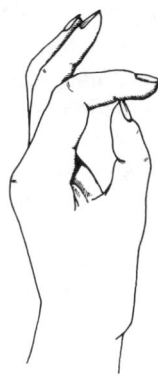

Die Buddha-Rune dient der Stärkung der Bioenergie und Ihrer Willenskraft. Bei jeder Heilung müssen Sie selbst über genügend Bioenergie und Ihre gesamte Willenskraft verfügen, um mit klarem Bewußtsein die Vorgänge mitempfinden zu können.

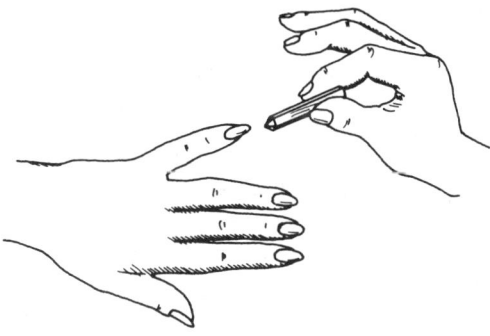

Jetzt können Sie Ihre Bioenergie mittels eines Bergkristalls aktivieren. Erst halten Sie Ihren Bergkristall ans Licht oder in die Sonne, um ihn mit den Lichtphotonen oder der Sonnenenergie aufzuladen. Dann laden Sie mit dem Bergkristall über die Kuppe Ihres kleinen linken Fingers Ihre Bioenergie auf. Um nicht zu viel des Guten zu tun und damit eine neuerliche Blockade aufzubauen, programmieren Sie Ihren Bergkristall mit dem Gedanken: Gib mir so viel Lichtenergie wie ich benötige. So laden Sie Punkt für Punkt nacheinader auf. Erst die linke kleine Fingerkuppe, die rechte kleine Fingerkuppe, den rechten großen Zeh (zur Aktivierung der Hypophyse), die linke Hand, den Punkt zwischen Mittel- und Ringfinger, von innen und von außen, die rechte Hand, den Punkt zwischen Mittel- und Zeigefinger von innen und außen, zum Abschluß den linken großen Zeh zur Aktivierung der Hypophyse. Nun können Sie mit der Behandlung beginnen. Legen Sie sich zwei Amethyste auf den Bauch und behandeln Sie den Schwachpunkt.

Zusätzlich möchte ich noch weitere sinnvolle Vorbereitungen empfehlen:

Magnesit-Giftentlastung

Der Magnesit zieht Umweltgifte aus dem Körper, sogar Radioaktivität. Außerdem balanciert er die Energien aus und gleicht ebenso Yin und Yang aus. Wir nehmen vor jeder Übung einen Magnesit in jede Hand.

Amethyst-Negativentladung

Vor jeder Meditation streichen wir die Negativenergien aus dem Körper. Dies entspannt tiefgreifend. Der Amethyst hat die Fähigkeit, Fremdbelastungen aus unserem Körper aufzunehmen. Wir nehmen in jede Hand in der Lotusblütenposition einen Amethyst-Handschmeichler von der Größe eines Zweimarkstückes und reiben den Körper in kreisenden Bewegungen von innen nach außen ab.

Richten Sie Ihren Willen darauf: Ich streiche alle Fremdeinwirkungen aus dem Körper.

Rosenquarz-Energieaufladung

Laden Sie Ihren Körper mit Hilfe von Rosenquarzen neu auf. Nehmen Sie in jede Hand einen Rosenquarz-Handschmeichler, fühlen Sie Ihren Körper und lassen Sie den Stein einwirken. Die Gedanken lenken Sie darauf: Ich lade mich mit Licht auf.

Bergkristall-Akupunktur

Eine weitere Aktivierung der Bioenergie ist über die Akupunktur der Fingerenden mit einem Bergkristall möglich. Der Bergkristall wird wieder zwischen Zeigefinger und Daumen genommen, die restlichen drei Finger werden gestreckt. Dann behandeln wir unsere Fingerspitzen wie es im Kapitel über Akupunktur dargestellt wird. Die gedankliche Ausrichtung ist: Meine Zellintelligenzen nehmen in ausreichender Menge, nicht zu viel und nicht zu wenig, Energie auf.

Die Übungen mit den Steinen bringen Sie ohne große Umwege mit Ihrem gesamten »Ich« in Kontakt. Bis heute verborgene oder unterdrückte Bereiche Ihres Gefühlslebens werden zum Vorschein kommen, alte Gefühlsbelastungen werden abgebaut. Es ist daher gut möglich, daß Sie während einer Edelsteinreise emotionale Erlebnisse haben. Hierbei kann es vorkommen, daß Sie Schmerzen spüren, traurig sind, weinen müssen, Angstgefühle oder Visionen haben. Alle diese Reaktionen des Ihnen bis dahin nicht bekannten Unterbewußten sind ganz normal. Nehmen Sie das Neue an und respektieren es. Ihr Körper stirbt vielleicht gerade einen Bewußtseinstod, und wie der Phönix aus der Asche haben Sie fortan die große Chance, noch einmal von Neuem zu beginnen.

Die bei den Steinübungen neu einfließende Energie bahnt sich ihren Weg und regeneriert Körper, Seele und Geist. Sie löst Blockaden auf, so daß es dabei sogar zu Schmerzsituationen kommen kann. Akzeptieren Sie auch dies, denn Schmerz ist nichts anderes, als der Schrei des Körpers nach mehr Energie. Ebenfalls beobachte ich häufig als positiven Begleiteffekt, daß der natürliche Harndrang gesteigert wird. Alle diese Übungen sind sehr stark stoffwechselanregend und entschlackend. Durch mehrmalige Anwendung verschiedener Steinübungen steigert sich die körpereigene Sensitivität, und dadurch können Sie sich selbst und sogar Ihr unmittelbares Umfeld in Liebe, Gesundheit und Harmonie schwingen lassen.

Die Übungen werden liegend ausgeführt, um den Steinen eine Auflage zu bieten. Unterstützend können weitere Hilfsmittel benützt werden, wie Runen oder Pyramiden, wenn es für die Beteiligten von Vorteil ist. Die gesamten Runenübungen stellen für sich schon ein sehr großes energetisches Potential dar, das wir jederzeit nützen können, ob wir eine Rune denken, malen, als Mantra rezitieren oder mit Körper und Händen formen. Nimmt man jedoch Edelsteine hinzu, so vervielfacht sich diese Wirkung, weil der Stein in der Lage ist, die gewaltige Runenwirkung so zu transformieren, daß unsere körpereigene Schwingung mit der kosmischen Energie in Einklang schwingen kann, ohne blockiert zu werden. Das bedeutet, daß der Edelstein ausgleicht und verstärkt, wo es nötig ist.

Zum Abschluß möchte ich noch hinzufügen, daß die Erfahrungen, die bei den Reisen mit Steinen gemacht werden, noch viel intensiver sind, wenn man sie zu zweit oder sogar mit einer größeren Gruppe macht. Außerdem hat man dann die Gewähr, daß ein Partner die eventuellen Gefühlsausbrüche überwachen und unterstützend einwirken kann.

Ich wünsche Ihnen bei den nachfolgenden Übungen viel Erfolg.

1. Den Tag grüßen

Diese Meditation gibt Kraft für den ganzen Tag. Sinngemäß sollte sie morgens vor dem Arbeitsbeginn praktiziert werden. Die Übung wird im Liegen ausgeführt. Sanfte Musik ist hilfreich.
Zeit: 10 bis 20 Minuten

Benötigte Steine:
4 Turmalinstäbchen werden kreuzförmig in Höhe des
Überchakras, 30cm über den Kopf gelegt
1 Prasem – liegt im Mittelpunkt des Kreuzes
1 Morion – auf das Kronenchakra
1 Gelbachat – auf das Halschakra
1 Jade – auf den Solarplexus
1 Stück aus Gold – auf den Bauch

2. Himmel und Erde

Durch diese Meditation wird die Verbindung von Geist und Körper hergestellt und ihre Integration ins Bewußtsein angestrebt. Diese Übung löst Blockierungen im Sonnengeflecht, das sich durch unterdrückte Gefühle zusammengezogen hat. Diese Übung lockert auch das Zwerchfell, damit die Atmung wieder fließen kann. Die Übung kann angewandt werden bei Asthma, Verdauungsstörungen, Magengeschwüren, Verstopfung, Zerfallserscheinungen, bei Krebs und Leberleiden. Die Übung verbindet oben und unten, auch in unserem Körper.
Zeit: 20 bis 30 Minuten

Benötigte Steine:

5 Rhodochrosite – kreuzförmig um den Solarplexus
1 Rhodochrosit – auf den Scheitel
3 Turmalinstäbchen – verbinden die Chakren
je 1 Phantomquarz – je einer in jede Hand

3. Heilung und Gefühle

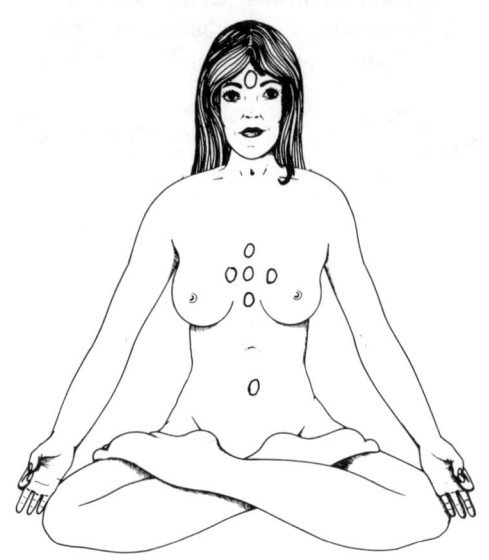

Der Citrin auf dem Nabel vermittelt Sonnenenergie. Er festigt die Erfahrung tiefer Liebe in unserem Inneren. Der Rosenquarz auf dem Herzen vitalisiert diese Erfahrung, er hat die sanften Töne des Herzens. Hinzu kommt der violette Strahl unseres Zeitalters durch einen Amethyst. Die Bergkristalle verdoppeln unsere ätherischen Felder und damit unser Wahrnehmungsvermögen.
Zeit: mit Führer oder Partner nach Bedarf oder 30 Minuten

Benötigte Steine:
1 Citrin – auf den Nabel
5 Rosenquarze – kreuzförmig auf das Herz
1 Amethyst – auf die Stirn
2 Turmalinstäbchen – verbinden diese drei Chakren
je 1 Bergkristall – je einer in jede Hand

4. Ich bin Yin-Yang

Diese Übung hilft uns, unsere beiden Gehirnhälften, die Hemisphären – Yin und Yang, Männlich und Weiblich – in uns zu harmonisieren und zu koordinieren. Nur über diese Harmonie sind wir in der Lage, unser eigenes, persönliches Energiemuster zu empfinden und kennenzulernen. Dies kann uns niemand anderer vermitteln als wir selbst.

Benötigte Steine:
1 Bergkristall – auf die Stirn/1 Diamant – auf den Scheitel
1 Turmalin – auf den Hals/1 Chalzedon – auf das Herz
1 Schneeflockenobsidian – auf den Nabel
1 Chalzedon – unter die Füße/2 Rosenquarze – unter die Achseln
2 Grünquarze – neben die Ohren
1 Rubin – auf das Überchakra

5. Das Heilmittel

Mit Hilfe von Steinen können wir unser ganz persönliches Heilmittel finden. Durch Auflegen der nachfolgend angegebenen Steine machen wir eine Reise in eine Bewußtseinsebene, die sich uns durch Farben, Formen und Gestalten darstellt. Wir erleben dabei unsere Blockaden ebenso wie unsere Heilschwingung. Diese Farben sind es, die wir im derzeitigen Zustand brauchen.

Nach der Reise in die Formenwelt versuchen wir, die Farben, Formen und Gestalten zu Papier zu bringen. In dieser Zeichnung ist die gesamte Schwingung enthalten, die wir brauchen. Durch Betrachten oder Aufnahme über die Empfängerhand nehme ich die Essenz auf. Die höchste Bewußtheit zeigt, was mich heilt. Mit dem Pendel kann man die Zeit der Aufnahme bestimmen. Dies ist keine einmalige Findung des Allheilmittels, sondern gilt nur für diese Phase. Bei neuen Symptomen kann die Übung mit anderen Bildern wiederholt werden, bzw. kann auch eine ganze Therapie durchgeführt werden.

Benötigte Steine:
1 blauer Edeltopas – auf die Stirn
2 Lapislazulis – je einer auf jedesAuge
1 Charoit – auf den Hals
2 Rosenquarze – einer in jede Hand
1 Streifenachat – auf den Nabel

6. Die Urfrequenz

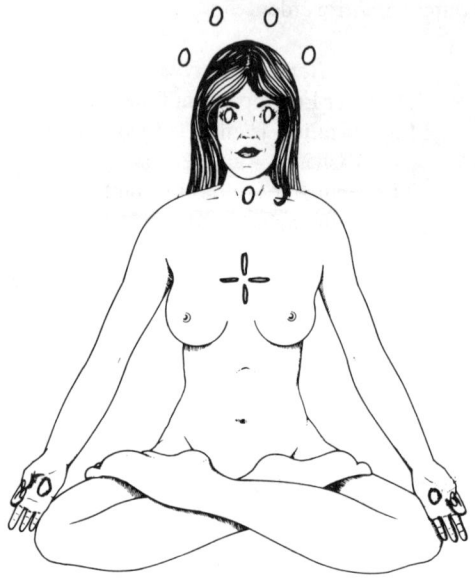

Mit dieser Übung finden wir unseren ganz persönlichen Urcode. Auch nach dieser Übung sollten Sie die Bilder aufzeichnen und auf sich einwirken lassen. Jeder Mensch inkarniert bei der Geburt mit seiner persönlichen, ureigenen Schwingung. Durch bestimmte untergeordnete Energien kommen wir in Dissonanzen, ähnlich einem Radioapparat, der nicht sauber eingestellt ist. Mit Hilfe der unten genannten Steine kann man sich wieder auf seine richtige Schwingung einstellen. Es kann passieren, daß sich diese Schwingung im Laufe des Lebens verändert. Man wird feinfühliger, steigert sich bewußtseinsmäßig und kommt deshalb in eine neue Schwingung.

Benötigte Steine:

4 Bergkristalle – rund um den Kopf
1 Rubin – auf den Hals
1 Feueropal und
1 Blutjaspis – ca. drei cm hinter den Haaransatz
2 Rosenquarze – einer in jede Hand
2 Amazonite – einer auf jedes Auge
4 Turmaline – als Kreuz auf die Thymusdrüse

7. Das Öffnen des Dritten Auges

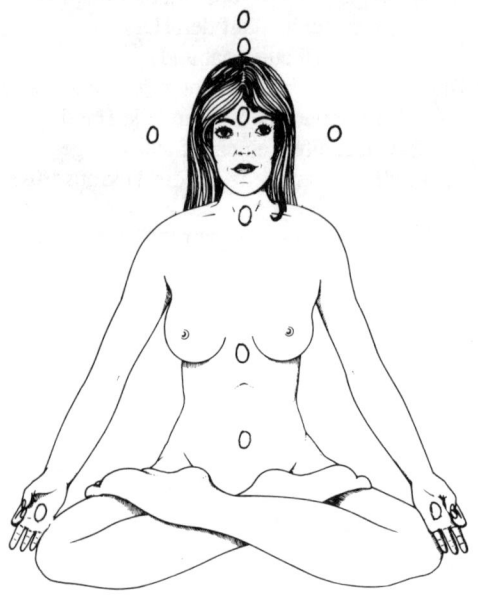

Diese Übung hilft, das innere Auge durch Aktivierung der Überchakren dem Spirituellen zu öffnen. Es entwickelt die innere Sicht und die Fähigkeit, in die Zukunft zu blicken.
Zeit: ca. 20 Minuten

Benötigte Steine:
3 Peridote – je einen auf jedes der drei Überchakren
2 Baumachate – je einen in jede Hand
1 Amethyst – auf den Scheitel
1 Chalzedon – auf die Stirn
1 Bergkristall – auf den Hals
1 Rosenquarz – auf den Solarplexus
1 Citrin – auf den Nabel

8. Die Steine der Weisen

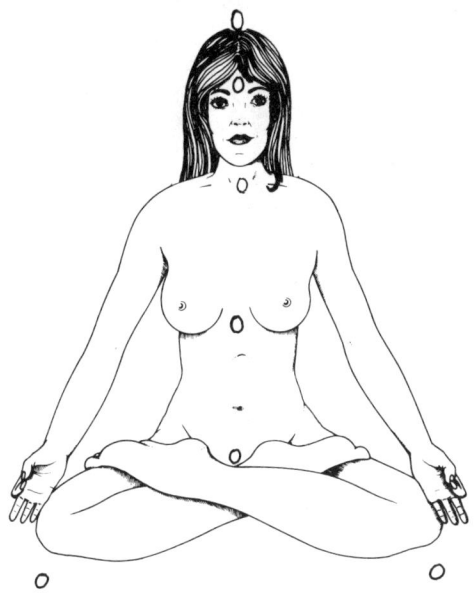

Diese Übung gestattet uns die Kontaktaufnahme mit dem »Kollektiv der weißen Bruderschaft«, den Lichtbringern. Der Mahagoni-Obsidian ist hierfür der Führerstein. Mit ihm reinigen wir vor der Übung die gesamte Aura, wie in der 13. Übung »Chakren aufladen« beschrieben. Anschließend legen wir die Steine auf:

Benötigte Steine:
1 grüner Aventurin – auf die Stirn
1 Phantomamethyst – auf den Scheitel
1 Versteinertes Holz – auf den Hals
1 Amazonit – auf das Wurzelchakra
1 Rosenquarz – auf den Solarplexus
2 Zoisite – je einen vor jeden Fuß

9. Sonnenflug

Diese Übung stärkt Geist und Seele, stärkt unsere Aura. Sie fördert unsere spirituelle Kraft und Entwicklung. Sie löscht falsche Informationen, die sich aufgrund von Erfahrungen als Energiemuster eingeprägt haben. Dies alles geschieht im Wirbel einer rechtsdrehenden Spirale, die durch die Citrine entsteht.

Benötigte Steine:
1 Citrin – auf den Scheitel
1 Citrin – auf den Nabel
3 Citrine – auf das Herz
3 Citrine – auf den Solarplexus
4 Turmalinstäbchen – verbinden diese Chakren

10. Mondflug

Die Mondsteine sorgen für ein hormonelles Gleichgewicht, was besonders bei Frauen harmonisierend und ausgleichend wirkt. Diese Übung sollte auf keinen Fall bei Vollmond gemacht werden, da durch die verzehnfachte Wirkung statt Harmonisierung Blockaden entstehen können.

Benötigte Steine:
7 Mondsteine – kreisförmig um den Nabel
2 Malachite – einen in jede Hand
1 Malachit – auf die Stirn
3 Mondsteine – um diesen Malachit

11. Kosmischer Einklang

Die Steine in der angegebenen Anordnung reinigen die Chakren. Sie wirken gegen Schilddrüsendisfunktionen und daraus entstehende Krankheiten wie Depressionen, Haarausfall und Hormonstörungen.

Die Steine werden auf dem Boden ausgelegt. Dann legt man sich in dieses Kraftfeld und legt den letzten Chrysokoll auf das Halschakra. Zeit: 10 bis 20 Minuten

Benötigte Steine:
1 Chrysokoll – auf den Scheitel/1 Chrysokoll – auf den Hals
1 Chrysokoll – auf die Rückseite des Halschakras
2 Chrysokolle – auf je ein Überchakra, 15 cm neben jedem Ohr
6 Turmalinstäbchen – verbinden die Chakren untereinander
und nehmen die Energie von außen auf

12. Harmonie

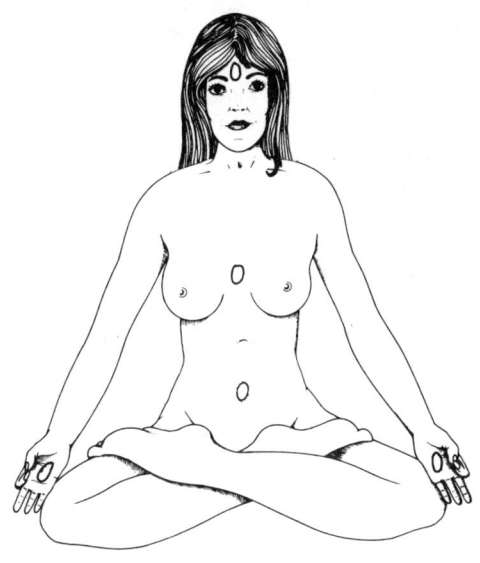

Der Onyx hilft gegen Traurigkeit, der Jaspis wirkt gegen Geburts-
engramme, der Citrin entgiftet den Bauchtrakt, der Bergkristall
schützt die Bioplasmahülle.
Zeit: bei Bedarf 20 bis 30 Minuten

Benötigte Steine:
1 Onyx – auf die Stirn
1 Jaspis – auf das Herz
1 Citrin – auf den Nabel
2 Bergkristalle – einer in jede Hand

13. Chakren aufladen und Chakra-Übung

Diese Übung wird zuerst auf dem Rücken und danach auf dem Bauch liegend ausgeführt. Wir haben auch auf dem Rücken Chakren, die wie Energiewirbel sind. Der Partner nimmt einen Bergkristall in die rechte Hand, zwischen Zeigefinger und Daumen und streckt die restlichen drei Finger. Die folgende Reihenfolge ist unbedingt einzuhalten. Er beginnt bei dem Stirnchakra mit einer rechtsdrehenden Spiralbewegung, die, je weiter sie sich vom Körper entfernt, umso größer wird. Den gleichen Weg drehen wir umgekehrt, also linksdrehend wieder zurück und verweilen in kleinen Rechtskreisen auf dem Chakra. Dann wiederholen wir die gleiche Spirale noch einmal in der gleichen Weise und gehen zum nächsten Chakra, dem Scheitel, dann zum Hals, dann zum Wurzelchakra, zum Milzchakra. Jetzt dreht sich der Liegende auf den Bauch, und der Partner wiederholt die Spirale auf dem Rücken.

Von dort aus gehen wir zu den Fußchakren, in die Mitte der Fußsohlen. Zum Abschluß aktivieren wir in gleicher Weise die Innenseiten der Handflächen. Hier schließen wir die Übung ab. Die Spiralen dehnen sich mindestens 30 cm über dem Körper aus. So weit reicht gewöhnlich der Astralkörper, in dem wir unsere gesamte Gefühlswelt verarbeiten.

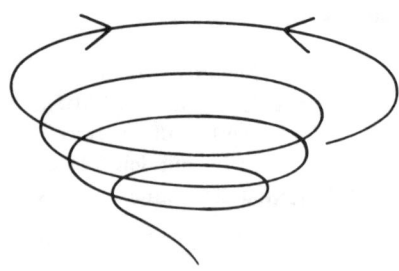

Auf dem Rücken liegend legt man sich nun (oder läßt sich legen) die Steine in der angegebenen Reihenfolge auf. Dies geschieht sehr langsam, um die Veränderungen, die durch die Aktivierung der Energiespiralen hervorgerufen werden, wahrzunehmen.

Zeit: höchstens 45 Minuten

Benötigte Steine:
Stirnchakra – Rosenquarz, Apatit, Baumquarz
Scheitelchakra – Bergkristall, Grünquarz, Rosenquarz
Halschakra – Heliotrop, Milchquarz, Amazonit
Wurzelchakra – Bergkristall, Milchquarz
Nabelchakra – Achat, Lapislazuli, Amethyst, Grünquarz

14. Kundalini

Die Kundalini, auch aus der tantrischen Praxis bekannt, sind ein Energiezentrum, das auf unsere gesamten Zellen wirkt. Es liegt am Ende der Wirbelsäule in Höhe des Steißbeins, aber im Bereich der feinstofflichen Hülle unseres Körpers. Dennoch wirkt es von dort auf unseren physischen Körper.

Diese Übung sollte einmal pro Woche gemacht werden, jedoch nicht bei Vollmond. Die Auswirkungen sind bei Vollmond sechs- bis achtmal stärker und daher zu stark und unverträglich. Vor und nach der Übung lassen wir uns von dem Partner Energie geben in der Weise, wie sie in der 13. Übung »Chakra aufladen« beschrieben ist. Während der Kundalini-Übung liegen wir auf dem Bauch und lassen die Steine vom Partner auflegen.

Benötigte Steine:
4 Turmalinstäbchen – als Kreuz auf die Thymusdrüse
2 Baumquarze – einer unter jede Fußsohle
1 Lapislazuli – über das Scheitelchakra
2 Magnesite – einer in jede Hand
1 Streifenachat – auf das Nabelchakra
1 Chrysopras – auf das Halschakra
1 Mondstein – auf das Steißbein
1 Schwarze Perle oder
1 Moridon oder
1 Schneeflockenobsidian – in das Genick
1 Jade – ebenfalls ins Genick
1 Kunzit – in Höhe des 5. Brustwirbels
2 Azurite – einer in jede Kniekehle
1 Chiastolith – auf die Leber

Nun nimmt der Partner je einen Bergkristall in jede Hand und legt die Hände auf die Hemisphären des Liegenden, um den Kopf von Belastungen freizumachen. Er bewegt dabei die Steine und Hände in kleinen Kreisbewegungen. Um Belastungen aus dem Körper zu streichen, massiert er die Schultern und streicht über die Arme aus.

Immer noch mit dem Stein in der Hand geht die linke Hand zur linken Fußsohle der liegenden Frau (bei Männern rechts beginnen) die rechte Hand liegt auf dem Steiß. Mit einem kleinen Ruck der linken Hand läßt man Lichtphotonen in Form von Energie hochschießen, das gleiche anschließend vom Steiß zum Genick, indem die linke Hand auf dem Steiß und die rechte im Genick liegt. Anschließend auf dem Kreuzbein die Kundalini »wachklopfen«.

Das gleiche Ritual wiederholen wir auf der rechten Seite: über das rechte Bein zum Steiß, zum Genick. Als Abschluß streichen wir die Energie über die Wirbelsäule nach oben.

Anschließend setzen wir uns wieder vor den Kopf, massieren mit dem Bergkristall die Hände und legen dann die Steine neben die Ohren des Liegenden. Hiernach heben wir die leeren Hände über den Liegenden und atmen voll bewußt das uns Umgebende. Dieses Licht fließt als Lichtspirale in unseren Körper, in unser Sein, bis wir selbst zur rechtsdrehenden Lichtsprirale werden. So schließen wir uns der kosmischen Energiespirale an, fühlen uns als kleine in der großen Spirale. Langsam ziehen wir unser Bewußtsein wieder in unsere kleine Spirale in uns selbst zurück, aber behalten dabei Kontakt mit der großen kosmischen Spirale.

Nach etwa zehn Minuten kommen wir ins Alltagsbewußtsein zurück, legen unsere Hände auf den Kopf des Liegenden, dann auf seine Hände und nehmen intensiven Kontakt von Körper zu Körper auf. Wenn der Liegende aufsteht, sollte er sich auf etwa 20 Bergkristalle stellen und mit beiden Händen die Lotusblüte machen, d.h. Daumen und Zeigefinger zusammen, die restlichen drei Finger strecken.

15. Das Kraftfeld der Avatare

Eine tiefe Meditation, die außerdem Kraft für den ganzen Tag spendet.

Benötigte Steine am ersten Tag:
7 Bergkristalle – möglichst Handschmeichler – davon:
2 Bergkristalle – einen in jede Hand
2 Bergkristalle – einen unter jeden Fuß
2 Bergkristalle – einen neben jedes Ohr
1 Bergkristall – 30 cm über demScheitel auf die Überchakren,
dazu
1 Bergkristall – Naturspitze; sie legt man in der richtigen
Reihenfolge von Chakra zu Chakra, in den Zeitabständen
von ca. 5 Minuten

Es gibt mehrere Möglichkeiten, diese Meditation in eine gewollte Richtung zu lenken. Sie können zu Ihrer Entspannung und Ihrem energetischem Aufbau bewußt das Licht aufnehmen, das der Bergkristall verstärkt aussendet. Sie können zusätzlich mit Hilfe dieses Vorgangs alle Engramme aus ihrem Sein löschen. Diese Meditation kann in ihrer energetischen Wirkung noch aufgebaut und verstärkt werden, indem Sie am nächsten Tag nachfolgende Steine hinzunehmen.

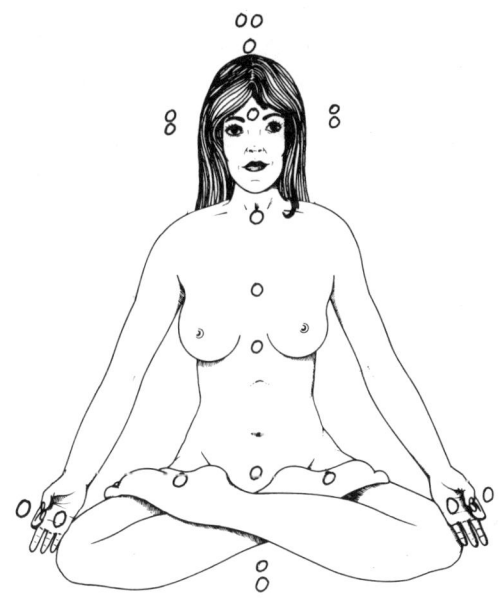

Benötigte Steine am zweiten Tag:
1 Grossular – auf das Stirnchakra
1 Türkis – auf das Scheitelchakra
1 Chrysopras – auf das Halschakra
1 Tigerauge – auf das Wurzelchakra
1 Moosachat – auf das Nabelchakra
1 Rubin – auf das Milzchakra
1 Roter Jaspis – auf das Herzchakra

7 Rosenquarze – zu den Bergkristallen, wie oben angegeben,
jedoch nicht zwei zu den Füßen, sondern nur einen,
den anderen zwischen die Knie.

1 Karneol – für die Achselhöhle, die auch ein
Energiezentrum birgt. Frauen klemmen sich einen gelben
Karneol in die rechte Achselhöhle, Männer einen rotgestreiften
in die linkeAchselhöhle.

Benötigte Steine am dritten Tag:
2 Lapislazulis oder
2 Sodalithe – zusätzlich auf die Augen legen.

Es ist gut, bei diesen Übungen einen Begleiter zu haben.

16. Kristallmassage

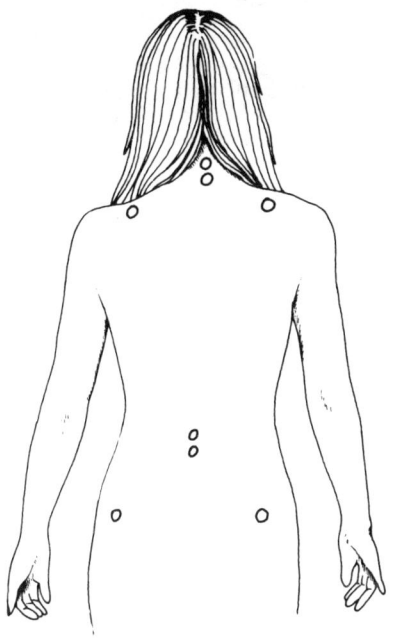

Der zu Massierende legt sich auf den Bauch. Streichen Sie mit den Fingerspitzen über das Schulterblatt, über die Schultern immer wieder in Schlangenbewegungen und lassen die Bewegung über den Arm und die Hände ausstreichen. Ist die gesamte Partie entspannt, so legen Sie einen Bergkristall, möglichst einen Doppelender von mindestens fünf cm Länge auf das Schulterblatt und bewegen diesen mit der Hand abrollend kräftig hin und her. Bearbeiten Sie auf dieselbe Weise die Hüfte. Streichen Sie erst in Schlangenbewegungen im oberen Teil und über die Beine aus und rollen dann über die Hüfte den Bergkristall. Anschließend werden mit dem gleichen Kristall entsprechend nebenstehender Zeichnung die Punkte akupunktiert. Zum Abschluß akupunktieren Sie das Rückgrat wie beschrieben, rechts und links neben der Wirbelsäule, insgesamt mindestens dreimal.

Benötigter Stein:
1 lange Bergkristall-Naturspitze, Doppelender

17. Amethystmassage

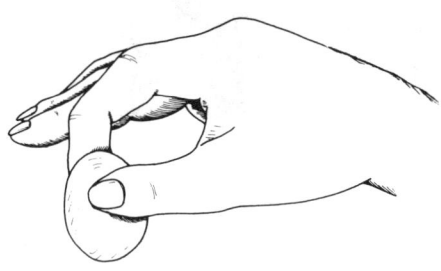

Mit Hilfe eines oder mehrerer Amethyst-Handschmeichler können Sie Belastungen aus dem Körper streichen. Der Amethyst hat die Fähigkeit, Belastungen aufzunehmen. Entweder nehmen Sie einen Handstein zwischen Zeigefinger und Daumen in jede Hand oder mehrere in die flache Hand und reiben von der Körpermitte über die Beine oder Arme die Belastungen in kleinen Kreisbewegungen aus dem Körper. Ebenso verfahren Sie vorsichtig mit dem Kopf.

Anschließend streichen Sie mit einem Amethyst über den Rücken vom Wurzelchakra bis zum Genick. Sie aktivieren dadurch die Körperenergie und verteilen die Plusenergie über den gesamten Körper. Ebenso behandeln Sie die Körpervorderseite vom Wurzelchakra bis zum Kinn. Der gesamte Körper wird mit Minusenergie erfüllt. Diese Behandlung löst Blockaden. Sie sollten mindestens dreimal entlang dieser Gefäße streichen.

Benötigte Steine:
Amethyst-Handschmeichler

18. Reise ins Ich

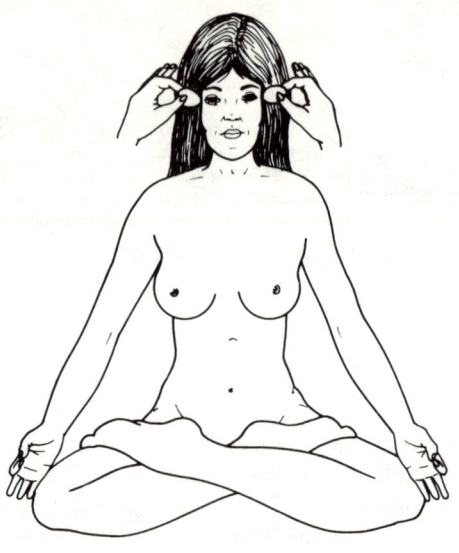

Eine Übung, um mit Rosenquarzen unsere Energie aufzuladen. Ideal wären drei Personen, die sich diese Energie gegenseitig zuführen. Einer liegt auf dem Rücken, ein anderer sitzt hinter dessen Kopf und massiert in kleinen kreisenden Bewegungen mit dem Rosenquarz in Höhe der Schläfen. Der dritte sitzt an den Füßen und massiert in gleicher Weise die Vertiefung in Höhe des Rists.

Sollte eine dritte Person fehlen, beginnen Sie an den Füßen und legen dann, während Sie den Kopf behandeln, einen Jaspis zwischen die beiden Fersen. Alternativ können Sie für die Schläfen auch zwei Jaspis verwenden, die erdige Energie vermitteln.

Benötigte Steine:
4 Rosenquarze – zur Massage
1 Feueropal – auf die Stirn des Liegenden
1 Jaspis – evtl. zwischen die Fersen

19. Eins im Licht

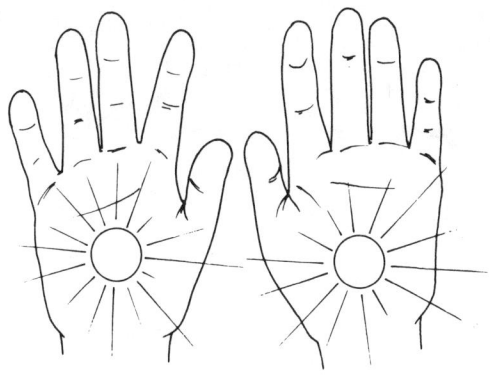

Auch diese Übung wirkt ideal mit drei Personen. Wie bei oben genannter Übung liegt eine Person, eine weitere sitzt zu deren Füßen, die dritte zu ihren Häupten. Diese hält die Arme über dem Kopf zusammen und die beiden anderen schicken über Bergkristalle Licht in die Chakren der Fußsohlen und Handflächen, indem Sie in ihrer Vorstellung Licht ein- und ausatmen. Damit man nicht seine eigene Energie sendet, nehmen wir wieder die Steine zwischen Zeigefinger und Daumen. Über die drei gestreckten Finger und über die Interferenzfelder holen wir dabei kosmische Energie ein.

Benötigte Steine:
4 Bergkristalle – zur Behandlung

20. Lotusblüte

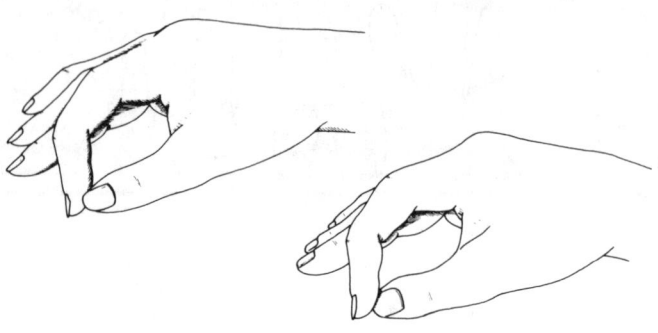

Die obige Zeichnung zeigt die Lotusblüte, eine Runenhandstellung, die negative Ionen freisetzt und dadurch heilkräftigend wirkt. Nimmt man die Edelsteine mit dieser Handhaltung für die genannten Übungen, ist die Wirkung eine Vielfache. Über die drei gestreckten Finger nehmen wir die heilende Energie unserer Umgebung auf, die im ewigen Wechsel zwischen Himmel und Erde, zwischen Plus und Minus der Luftschichten zu finden ist. Dieses natürliche Energiegefälle verbindet unseren Planeten Erde mit dem Kosmos und stellt für alles Leben ein notwendiges Kraftpotential dar. Aktivieren Sie die kosmischen Energien, um die körpereigenen Reserven zu schonen. Über Zeigefinger und Daumen werden die Ionen über den Stein in einer Art Kurzschluß dorthin geleitet, wohin wir den Stein halten.

Benötigte Steine:
Die von Ihnen gebrauchten Edelsteine

21. Isis

Diese Übung entläßt belastende Energien aus unserem Körper, sie beruhigt und entspannt. Die Arme werden über der Brust gekreuzt, die Zeigefinger gestreckt, der Daumen flach angelegt. Die Schmalseiten der Handgelenke zeigen zur Brust. In jeder Hand ist ein Rosenquarz.

Nach Sonnenuntergang, während der Bionacht, nehmen Sie statt der Rosenquarze je einen Lapislazuli in jede Hand und kreuzen die Arme derart über der Brust, daß die flachen Seiten der Handgelenke auf der Brust liegen. Sie können auch mit dem Zeigefinger auf die Hauptschlagader tippen, um so die beiden Gehirnhälften zu harmonisieren. Diese Übung ist gegen Schwindelgefühle und Unkonzentriertheit.

Benötigte Steine:
2 Rosenquarze oder
2 Lapislazulis

22. Der individuelle Heilstein

Diese Übung können Sie jeden Tag machen. Sie können mit den beigefügten Pendeltafeln durch das Pendel den Stein ermitteln, der Ihnen heute Heilung verschafft. Nehmen Sie diesen Stein zwischen die flachen Hände, so daß bei Frauen die linke Hand, bei Männern die rechte Hand oben ist. Lassen Sie den Stein auf sich wirken. Dann legen Sie ihn vor sich hin und stellen folgende Runen mit den Händen:

Eröffnungsrune

Rechte und linke Hand zur Lotusblüte formen und so zusammenführen, daß sich jeweils die gleichen Finger berühren; die kleine Fingerkuppe an die kleine Fingerkuppe usw. Diese Rune entschlackt die Körperzellen und die Psyche.

Willensbestimmung: Meine Zellbelastungen werden aufgelöst.

Rune zwei

Zeigefinger und Daumen jeder Hand bilden einen Ring, der jeweils durch den Ring der anderen Hand führt. Die anderen Finger berühren sich und öffnen sich im Rhythmus Ihrer Körperenergien oder der Atembewegungen.

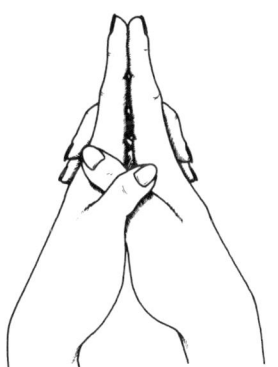

Rune drei

Die Hände falten, wie es in der Kirche üblich ist. Die Zeigefinger sind gestreckt.

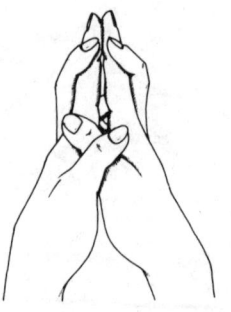

Rune vier

Finger und Hände öffnen, wieder falten, diesmal sind Mittel- und Zeigefinger gestreckt, jedoch »umarmt« der Mittelfinger den Zeigefinger von hinten, die Daumen sind gestreckt. Diese Rune bringt Heilung.

Rune fünf

Wir gehen zur Ausgangsstellung zurück, formen beide Hände unabhängig voneinander zur Lotusblüte.

Dieser Stein hilft Ihnen in Ihrer individuellen Situation zur Heilung. In einer veränderten Situation muß er neu bestimmt werden. Lesen Sie aber auch das Kapitel »Ihr persönlicher Edelstein«.

Benötigter Stein:
Der von Ihnen ausgewählte Edelstein

23. Buddha-Mudra

Diese bekannte Fingerhaltung des Buddha kann Sie jenseits von
Zeit und Raum versetzen. Sie können dazu Turmalin oder Jaspis
für die linke Hand verwenden, Rosenquarz für die rechte. Der
Stein wird in der linken Hand zwischen Daumen und Zeigefinger
gehalten, mit der rechten Hand wird die Lotusblüte gemacht mit
der Variante: Der Daumennagel berührt den Zeigefinger zwischen 1. und 2. Glied, in der ersten Fingerfalte. Männer halten
den Rosenquarz in der rechten Hand und formen mit der linken
das Buddha-Mudra.

Benötigte Steine:
Turmalin, Jaspis und Rosenquarz

Alternative:

Sie formen mit der Hand, in der Sie den Stein halten, eine Faust, strecken jedoch den Zeigefinger und schieben diesen in die andere Hand, die ebenfalls zur Faust geballt ist, außer dem Zeigefinger und dem Daumen. Der Daumennagel berührt wie oben den Zeigefinger zwischen erstem und zweitem Glied.

Benötigte Steine:
Turmalin, Jaspis und Rosenquarz

24. Pyramiden-Meditation

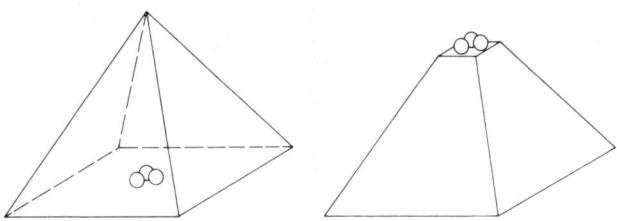

Die drei Steine aktivieren die Hemisphären unserer Gehirnhälften, schaffen dadurch klares, reines Bewußtsein und führen zum Urstrahl zurück. Legen Sie die Steine unter eine Pyramide, die vorher sorgfältig in Richtung Norden ausgerichtet wurde. Setzen Sie sich dann auf die störungsfreie Seite, die meist im Süden ist, und nehmen die durch die Pyramide verstärkte Schwingung über die Hände auf oder lassen sie auf sich einwirken.

Benötigte Steine:
1 Rhodonit
1 Bergkristall
1 Rauchquarz

25. Fernheilung

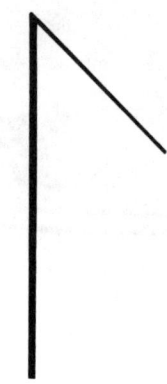

Auch das ist dem Geübten möglich. Legen Sie die Steine für das bestimmte Krankheitsbild mit der Rune Laf unter die Pyramide und fügen die notierte Bitte hinzu: Heilung für ... bis auf meinen Widerruf.

Nach einer Woche nehmen wir den Zettel und opfern ihn den Energien, indem wir ihn mit Hilfe der Feuergeister verbrennen, mit Hilfe der Wassergeister löschen, von den Luftgeistern die Asche zur Erde wehen lassen. Allerdings sollten Fremdeinwirkungen, ob Licht oder Heilung gesendet werden soll, immer nur mit Einverständnis des Betroffenen und im Sinne der karmischen Gesetzmäßigkeiten erfolgen.

Benötigte Steine:
Von Ihnen ausgewählte Edelsteine

Nachbereitung

Nach Edelsteinmeditationen, ob allein oder mit Partnern, ist es sinnvoll, einen Energieausgleich zu fördern.

Macht man die Übung mit drei Personen, dann steht derjenige, der behandelt oder massiert wurde, in der Mitte, die beiden anderen stehen hinter ihm und vor ihm. Einer legt seine Hände auf die Schultern des Behandelten, der andere auf den Kopf desselben. Der Behandelte soll bei dieser Übung seine Gefühle vollkommen zulassen und bewußt erleben. Zum »Himmeln« stellen sich alle drei Beteiligten im Kreis auf, Hände und Arme nach oben zum Nachbarn in der Weise, daß sich die Handflächen beinahe berühren.

Die gleiche Übung für zwei Personen: Die Partner können mit zwei Rosenquarzen »Himmeln«. Der Massierende oder Behandelnde nimmt in jede Hand einen Rosenquarz zwischen Zeigefinger und Daumen und streckt Arme und Hände nach oben. Der Partner nimmt mit ebenfalls erhobenen Händen die Energie auf. Auf diese Weise entsteht ein ausgleichender Energiekreis.

Zum »Erden« wenden sich danach beide den Rücken zu. Wieder hat der Behandelnde die Rosenquarze in je einer Hand, diesmal aber mit nach unten gestreckten Armen. Auf die gleiche Weise wie vorher nimmt der andere die Energie auf.

Hat man keinen Partner für seine Meditation als Begleiter, so stellt man sich alternativ zu den oben genannten Übungen auf 20 Bergkristalle mit Amethysten, 2 Schneeflockenobsidiane oder, falls man sich sehr weit von dieser Erde entfernt hat, nimmt man zusätzlich noch 2 Wasseropale in die Hände. Man kann sich selbst oder einander gegenseitig kräftig rubbeln oder massieren oder unter die Dusche stellen. Nach jeder Meditation sollte man gewohnheitsmäßig mit einer streichenden Bewegung das Scheitelchakra schließen!

Der Behandelnde sollte nach jeder Steinübung einen versteinerten Baumquarz in jede Hand nehmen. Mit diesem Stein kann man die eigenen Körperenergien wieder ausgleichen.

III.
Weitere Heilmethoden

Einleitung

In diesem Kapitel stelle ich einige Heilmethoden vor, deren Wirkung in Verbindung mit einer Edelsteintherapie gesteigert wird. Wie ich in der Einleitung zu diesem Buch bereits erwähnt habe, erhebe ich hier keinen Anspruch auf Vollständigkeit. Vielmehr ist die Ausführlichkeit der einzelnen Kapitel ein Spiegel meiner eigenen Erfahrungen im Umgang mit den jeweiligen Methoden. Diese Erfahrungen möchte ich hiermit weitergeben. Damit möchte ich Praktikern, die mit einer oder mehreren dieser Methoden arbeiten, den Zugang zu den Edelsteinen und ihren Kräften erleichtern.

Keltische Meditationen
mit Edelsteinen

Die Kelten waren ein naturverbundenes Volk. Ihre Kultur, die trotz einiger Varianten bei verschiedenen Stämmen einheitlich war, wies den sie umgebenden Kräften und Gegebenheiten je einen eigenen Gott zu. Berge und Wälder, Tiere, Bäume, Blumen und Mineralien wurden so in ein System gebracht. Sie galten als Symbole der Gottheiten oder als Träger von Natur- und Lebenskräften.

Die mächtigsten Männer unter den Kelten waren ihre Priester. Diese Druiden bewahrten das Wissen von den Göttern, aber auch die mächtigen Heilkräfte der Natur. Ihnen wurde und wird bis in unsere Tage Zauberkraft und Magie zugesprochen, die nur ihnen erhalten blieb, da schriftliche Überlieferungen verboten waren. Druiden wurden stets um Rat gefragt und schienen das, was sie nicht wußten, mindestens geahnt zu haben. Die kultischen Rituale wurden an geweihten Orten ausgeführt, in heiligen Hainen, an Quellen oder Steinsetzungen, Menhiren wie etwa in Stonehenge.

Bei der Verehrung ihrer natürlichen Umgebung spielten Bäume eine besondere Rolle. Die Buche und der Apfelbaum, besonders aber die Eiche galten als Heiligtümer. Aber auch Berge wurden verehrt und mit der Unantastbarkeit der Götter verglichen. Die Vorstellung von den riesigen Kristallen unter der Erdoberfläche, die die energetischen Kraftlinien bilden, war Bestandteil dieses magischen Naturverständnisses. Der Stein spielte eine so zentrale Rolle, daß er mit dem Leben gleichgesetzt wurde. Dabei wurde zwischen Leben und Tod wenig unterschieden. Der Tod war die Mitte eines langen Lebens. Das verwundert weniger, wenn man bedenkt, daß der Tod immer gegenwärtig war, ob als Opfertod, im Einsatz für die Sippe oder unter natürlichem Einfluß. Mit 30 Jahren lag die Lebenserwartung nicht sehr hoch.

In der Nähe von Bath in England lebte Blodud, einer der bekanntesten Druiden. In einer alten Kirchenchronik findet sich ein Bericht darüber, daß Blodud in der Lage war, die Schwerkraft aufzuheben und mit Hilfe der Energien der Leylinien von Kraftort zu Kraftort fliegen konnte. Dieser große Magier und Wissende kam zu Tode, als er bei einem seiner Flüge abstürzte. Andere Magier sollen die Kraftlinien unterbrochen haben, und gegen ihren Einfluß konnte Blodud in der Luft nichts unternehmen. Auf seinem fliegenden Stein soll die St.-Pauls-Kathedrale in London errichtet worden sein: wie Stonehenge auch ein bedeutender Kraftort.

Die nachfolgenden Meditationen basieren auf dem Wissen der Kelten. Ihre Verehrung für Bäume und Steine findet Berücksichtigung und aktiviert die energetischen Kräfte zum Nutzen des Meditierenden.

1. Meditation
Im Umfeld eines *Ahorn*-Baumes
mit einem *Opal*

Diese Meditation fördert die Zunahme von Ying-Schutz vor heraufziehendem Unheil und verleiht die Gabe des Hellsehens. Die kosmische Vereinigung mit dem Absoluten, Erweckung und Erleuchtung wird verstärkt.

2. Meditation
Im Umfeld eines *Holunders*
mit einem *Türkis*

Sie bringt Hilfe beim Auffinden der Schwesterseele und stärkt reines Liebesleben. Gerichtliche Angelegenheiten werden positiv beeinflußt. Erfolg, Ehre und Schutz vor unnatürlichem Tod werden vermehrt.

3. Meditation
Im Umfeld einer *Eibe*
mit einem *Hämatit*

Sie dient dem Erkennen des weiblichen Prinzips und dem Schutz für Frauen, die unter schlechten Einflüssen stehen. Als Stein der weißen Hexen oder als Amulett der Krieger schützt diese Verbindung Haus und Hof.

4. Meditation
Im Umfeld einer *Pappel*
mit einem *Saphir*

Diese Übung hilft bei Abwendung von Not, unterstützt Fernheilungen und verhilft zu Wohlstand, Fruchtbarkeit und Beständigkeit vor jedem Neubeginn.

5. Meditation
Im Umfeld einer *Linde*
mit einem *Chrysoberyll*

Sie ist glücksbringend und fördert das Finden der Mitte, die Vereinigung mit der Erde und den astralen Schwingungen, Erkenntnis, Reichtum, Wissen, Gesundung und Aktivierung eigener Heilkräfte.

6. Meditation
Im Umfeld einer *Eiche*
mit einem *Lapislazuli*

Mit Hilfe des Steins der Pendler und Heiler erreichen Sie das Finden ihrer wahren Berufung, Segen, die Erweckung des Willens und eine enge und dauerhafte Bindung von Mann und Frau.

7. Meditation
Im Umfeld eines *Wacholders*
mit einem *Amethyst*

Diese Meditation dient der Verstärkung des Geistes, der Auflösung aller Hindernisse auf dem Weg zum Ziel, der Stärkung der Überzeugungskraft, der Fruchtbarkeit für alle Lebewesen und der Öffnung für Heilenergien.

8. Meditation
Im Umfeld einer *Kiefer*
mit einem *Rosenquarz*

Diese Übung fördert das Einschwingen in kosmische Zyklen, die Steigerung der Kreativität, die Stärkung magischer Fähigkeiten und die Kontaktaufnahme zum höheren Selbst.

9. Meditation
Im Umfeld einer *Weide*
mit einem *Turmalin*

Hilfe bei der Realisierung ihrer Wünsche durch den Stein des Meisters und Könners, Schutz gegen alles »Negative«, Aktivierung des Mutes, Optimierung von Körper und Geist und Zuneigung zum anderen Geschlecht bringt diese Übung.

10. Meditation
Im Umfeld einer *Esche*
mit einem *Rubin*

Sie fördert die Offenbarung der geistigen Helfer, die Beherrschung des Feuers, die Verschmelzung von Materie und Geist, das Erkennen des Über-Ichs, das Auflösen von Yin und Yang und das Erreichen der Non-Dualität.

11. Meditation
Im Umfeld einer *Buche*
mit einem *Moosjaspis*

Unterstützung durch Helfer aus der geistigen und materiellen Welt, Linderung von Unglück und das Erkennen von Ursache und Wirkung werden geweckt.

12. Meditation
Im Umfeld einer *Kastanie*
mit einem *Aquamarin*

Diese Übung bannt das »Böse«, gibt Macht und Schutz vor Naturgewalten, ruft Naturgeister zur Unterstützung herbei, besonders die der Luft und stärkt das geistige und körperliche Immunsystem.

13. Meditation
Im Umfeld einer *Ulme*
mit einem *Bernstein*

Der Stein des Lichtes und der Einweihung bannt Spuk und steigert Yang. Dieser Stein der Sonnenpriester verjüngt, heilt bei zu wenig Yang, löscht Fremdeinwirkungen und Beinflussungen und wandelt alles zum Guten.

14. Meditation
Im Umfeld einer *Tanne*
mit einem *Citrin*

Diese Übung fördert das Gleichgewicht aller Unternehmungen, und auch die eines Wettbewerbs, vertreibt Sorgen, bringt Erleuchtung und den Sieg über das niedere Selbst und verstärkt unsere Geistimpulse sowie unsere Seelenaura.

15. Meditation
Im Umfeld einer *Fichte*
mit einem *Granat*

Sie verstärkt den Glauben an das Weiterleben nach dem physischen Tod, das Erkennen des Überirdischen und den Sieg über den Tod.

16. Meditation
Im Umfeld einer *Birke*
mit einem *Karneol*

Diese Übung weckt Vertrauen zum Absoluten und unterstützt den Geburtsvorgang. Der Stein der Sänger und Schriftsteller unterstützt die Führung zur Unabhängigkeit, der Stein der Lichtkämpfer (weißer Karneol – Chalzedon) hält Sturm und Blitze ab.

17. Meditation
Im Umfeld einer *Lärche*
mit einem *Malachit*

Mit Hilfe des Steins der Liebe und des gegenseitigen Verstehens bestärken Sie das Erkennen der Urkraft und ihrer Gesetzmäßigkeiten, die Erfüllung bei der Suche nach dem idealen Partner und besseres Verstehen mit dem Partner. Sie fördern den Stein des Heilers.

Stein	Planeten-Zuordnung	Zahl	Metall	Tier	Element	Wirkungs-vollster Tag der Kraft	Ursprung der Kraft	Baum
Opal	Merkur	18 = 9	Quecksilber	Falke	Wasser	Mittwoch	Westen	Ahorn
Türkis	Venus	17 = 8	Kupfer	Fisch	Luft	Freitag	Osten	Holunder
Hämatit	abnehmender Mond	16 = 7	Silber	Hund	Erde	Montag	Norden	Eibe
Saphir	Jupiter-Mond	1	Silber	Fuchs	Erde	Montag	Norden	Pappel
Chrysoberyll	Erde	2	Aluminium	Stier	Erde	Montag	Norden	Linde
Lapislazuli	Jupiter	3	Zinn	Einhorn	Luft	Donnerstag	Osten	Eiche
Amethyst	Merkur	4	Quecksilber	Eber	Wasser	Mittwoch	Westen	Wacholder
Rosenquarz	Mars	5	Eisen	Eule	Feuer	Dienstag	Süden	Kiefer
Turmalin	Venus	6	Kupfer	Taube	Luft	Freitag	Osten	Weide
Rubin	Saturn	7	Blei	Schwalbe	Wasser	Samstag	Westen	Esche
Moosjaspis	Saturn	8	Blei	Wolf	Wasser	Samstag	Westen	Buche
Aquamarin	Jupiter	9	Zinn	Schlange	Luft	Donnerstag	Osten	Kastanie
Bernstein	Sonne	10 = 1	Gold	Adler	Feuer	Sonntag	Süden	Ulme
Citrin	Sonne	11 = 2	Gold	Pferd	Feuer	Sonntag	Süden	Tanne
Granat	Mars	12 = 3	Eisen	Widder	Feuer	Dienstag	Süden	Fichte
Karneol	Mars	13 = 4	Eisen	Schwan	Feuer	Dienstag	Süden	Birke
Malachit	Merkur	14 = 5	Quecksilber	Löwe	Wasser	Mittwoch	Westen	Lärche
Silex	zunehmender Mond	15 = 6	Silber	Krebs	Erde	Montag	Norden	Erle

Runen und Edelsteine

Ob Sie eine Rune denken, malen, als Mantra rezitieren oder mit Ihrem Körper oder Händen formen, die gesamten Runenübungen stellen für sich schon ein sehr großes energetisches Potential dar, das Sie jederzeit nützen können. Nehmen Sie jedoch Edelsteine hinzu, so vervielfacht sich diese Wirkung. Der Stein ist in der Lage, die gewaltige Runenwirkung so zu transformieren, daß Ihre körpereigene Schwingung mit der kosmischen Energie in Einklang gebracht wird, ohne blockiert zu werden. Der Edelstein gleicht aus und verstärkt, wo es nötig ist.

Runen sind kosmische Kraftspeicher. Sie sind in Form gekleidete Gedanken und Ideen. In alten Überlieferungen schützten Runen vor Leid und Übel. Kosmische und terrestrische Störungen waren für unsere Vorfahren Dämonen und böse Geister. Um sich vor diesen bösen Einflüssen zu schützen, benützte man Reste atlantischen Wissens, das über Jahrhunderte hinweg absichtlich verfälscht wurde. Es war aber immer noch stark genug, um Störungen zu beheben. Dieses alte Restwissen ist heute fast verlorengegangen. Bestimmte Runen können Einfluß auf unser energetisches Umfeld nehmen. Dem Forschergeist eines jeden Pendlers sind bei dem Umgang mit Runen keine Grenzen gesetzt.

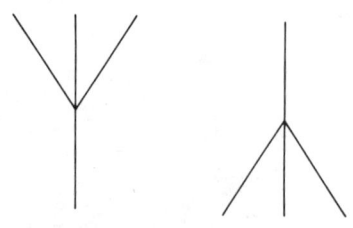

Die Runen *Man* und *Yr*

Runen sollen magisch bannend wirken, Yin und Yang ausgleichen, Haus und Hof vor störenden Einflüssen bewahren, das Allwissen und die All-Liebe erwecken und die körperliche und geistige Entwicklung fördern. Aus den beiden oben abgebildeteten Runen kann der Wissende eine neue Rune, die Hagalrune bilden. Diese bedeutet: »Hege das All in Dir und Du beherrschst das All«. Sie stellt Verbindung zu unserem höheren Selbst und zum Absoluten her. Sie vermittelt uns das Ewige des Über-Ichs.

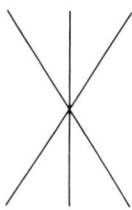

Hagalrune

Pendelkundige werden wissen, daß bei unsachgemäßer Anwendung von Runen starke energetische Störungen des eigenen Körpers auftreten können. Energetische Störungen haben ein Ungleichgewicht von Yin und Yang zur Folge. Ein harmonischer und gesunder Mensch ist in seinen Polaritäten, in Yin und Yang ausgeglichen. Um energetischen Störungen entgegenzutreten und einen harmonischen Ausgleich zwischen Rune und körperlichem Identifikationsmuster herzustellen, können Sie Edelsteine als Energiepuffer einsetzen. Dies passiert schon, wenn Sie die Rune auf den Stein eingravieren, den sie tragen. Als Steine eignen sich hierfür:

Jade – Luvulith (Sugelith) – Tigerauge – Heliotrop

Vor Gebrauch eines persönlichen Stein-Runen-Amulettes sollten Sie mittels eines gedanklichen Wunschbefehls das Amulett und Ihr persönliches Energiemuster in Übereinstimmung bringen. Unser Bewußtsein ist jederzeit dazu bereit, Informationen und Instruktionen zu verarbeiten. In diesem Sinne ist es vergleichbar mit kleinen Kindern, die für alles eine Erklärung haben wollen, um alles zu verstehen. Ihr näheres Umfeld können Sie ebenfalls wirksam vor energetischen Störungen schützen, indem Sie einen der oben genannten Steine unter den Schreibtisch oder unters Bett legen, sogar im Auto wirkt er. Hierbei ist allerdings der energetische Unterschied zwischen Tag und Nacht zu beachten. Entsprechend der Einnordung einer Pyramide muß man die Mittelachse der Hagalrune ebenfalls tagsüber (Biotag) einnorden. Bei Bionacht muß die Mittelachse in Ost-West-Richtung ausgerichtet sein. Biotag und Bionacht wechseln bei Sonnenauf- und -untergang. Zu beachten ist auch hier das übliche Reinigungsritual und der Glauben an die Allmacht, die uns für jede Aufgabe auch die nötige Energie zur Verfügung stellt. Das Bewußtsein von der Macht der Gedanken wirkt auf unser gesamtes Sein. Mittels Runen können wir negative Einflüsse aller Art ausschließen und uns diese kosmische Hilfe in der Übung zunutze machen. Richten Sie Ihre Gedanken während der Übung auf folgendes: Segen, Frieden, Liebe und Harmonie für mich und mein direktes Umfeld im Einklang mit dem Absoluten bis auf meinen Widerruf. Ein Experiment aus einer Versuchsreihe mit der Hagalrune und Edelsteinen möchte ich hier vorstellen und zu Eigenversuchen empfehlen.

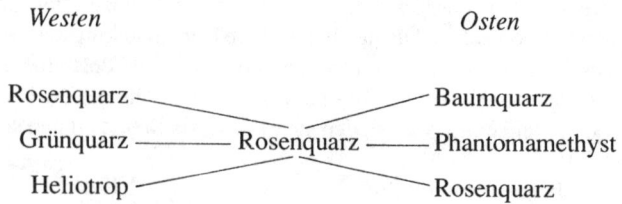

80

Bionacht: Ausrichtung der Mittelachse der Hagalrune nach Ost-West.

Biotag: Ausrichtung der Mittelachse nach Nord-Süd.

Unsere Versuchsrune haben wir auf Pappe oder starkem Papier aufgemalt in der Größe von ca. 25 cm Durchmesser und dann das Ganze eingekreist.

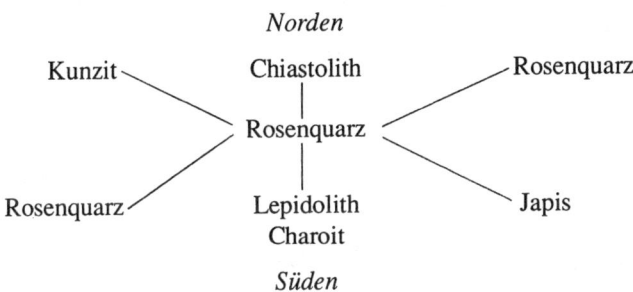

Norden

Kunzit — Chiastolith — Rosenquarz

Rosenquarz

Rosenquarz — Lepidolith — Japis

Charoit

Süden

Die Steine, die wir nachts benützen, sollten wir tags auf der Fensterbank in Licht und Sonne legen, damit sie sich aufladen können.Umgekehrt legen wir die Steine, die tags benutzt werden, nachts auf das Fensterbrett, damit sie sich mit kosmischen Energien aufladen können.

Unser Experiment zeigt die Wirkung, daß wir im Versuchsraum trotz starker Störfaktoren wie z.B. einem alten Nachtspeicherofen, Radiolautsprechern usw. im Radius von 5 m ein einwandfreies Raumgleichfeld hatten. Das hatte zur Folge, daß unser bioenergetischer Status dermaßen aktiviert und optimiert wurde, daß vorherige Verspannungen, Müdigkeit, Schnupfen und Polaritätenausfall verschwanden. Ob die gleiche Übung auch bei Ihnen ihre Wirksamkeit hat, sollten Sie im Eigentest erproben. Grundsätzlich sollten Sie bedenken, daß alles örtlich und zeitlich wandelbar ist, abhängig von den Personen und deren Erkenntnissen, von den Konstellationen der Sterne und Planeten, sowie vom Grad der Lichtfindung – das ist die Non-Dualität – und der Unterstützung der geistigen Führer.

Tattwa und Edelsteine

Der Ursprung der Tattwa-Lehre liegt im Schamanentum begründet. Sie ist sehr stark der Natur verbunden und versucht, die körpereigenen Elemente mit ihr zu verbinden und alle Schwankungen und Störungen auszugleichen. Für den Naturheiler wird auf diesem Hintergrund recht schnell deutlich, daß jede Art von Erkrankung eine Störung dieses Gleichgewichts bedeutet. Tattwa heißt also nichts anderes als Natur in seinen verschiedenen Erscheinungsformen, als Feuer, Wasser, Luft, Erde und Geist (Äther). Aber auch die unzähligen Naturgeister sind eingeschlossen und die Engel werden, wenn wir diese Natur verstehen und respektieren lernen, uns den Weg zum göttlichen Licht weisen.

Das älteste Buch der Weisheit, das Buch Thoth oder ägyptisches Tarot weist auf das Geheimnis der Elementenlehre hin. Die erste Karte, der Magier, symbolisiert die vier Elemente durch das Feuer-Schwert, den Wasser-Kelch, den Luft-Stab und die Erd-Münze oder -Scheibe. Nach alchimistischer Tradition wird hier das Durchleben der Elemente als ein uralter Einweihungsritus dargestellt. Der Magier oder Schamane muß die Naturgeheimnisse verstehen und beherrschen lernen, um dann als Mittler zwischen den Lebewesen und der Natur auftreten zu können.

Nach Erkenntnis der alten Weisen besteht eine natürliche Harmonie zwischen allen Dingen. Zwischen Planeten, Elementen, Naturgeistern, Pflanzen, Mineralien, Farben, Tönen usw. Auf Grund dieser kosmischen Zuordnung werden auch Talismane getragen, die ganz bestimmte Eigenschaften und Einflüsse unterstützen sollen. So gibt es auch hilfreiche Steine, die dem Charakter des im Geburtsmonat vorherrschenden Elements und Planeten unterliegen. Den deutlichsten Einfluß auf die Erde nimmt der Vollmond, sowohl auf die Gezeiten, als auch auf das Gemüt, nicht nur bei Schlafwandlern. Der Einfluß kosmischer Harmonie und der Zusammenhang mit dem Naturkreislauf ist sehr offensichtlich und nicht zu leugnen.

Die Tattwa-Übung soll die Beziehung zu den Naturelementen klären und eventuell bestehende Disharmonien beseitigen. Für den Steinheiler ist es einfach, durch Anwendung des jeweiligen Tattwas und der von mir hierfür zugeordneten Steine eine erfolgreiche Therapie durchzuführen.

Ziel der Übung ist die Einheit von Körper, Seele und Geist. Nicht die einzelnen Steine, sondern das Gesamtbild der angegebenen Edelsteine öffnen das für uns bis dahin verschlossene energetische Tor zu den Naturelementen in uns und um uns. Auch bei diesen Übungen ist es ratsam, einen geschulten Begleiter bei sich zu haben.

Es kann passieren, daß Sie während nachfolgender Tattwa-Stein-Übungen den Hütern des jeweiligen Tattwa-Elementes begegnen. Dann sollten Sie diesen freundlich und ohne Angstgefühle begrüßen. Dennoch aufkommende Angstgefühle bekämpfen Sie besser nicht, sondern lassen sie unbeachtet. Der Tattwa-Hüter begleitet Sie in den Teil Ihres unbewußten Selbst, der Ihnen bis dahin als unbekannt, vielleicht sogar entfremdet oder aggresiv erschien. Nach und nach werden Sie mit seiner Hilfe den ursächlichen Zusammenhang zwischen Natur und Krankheit erkennen können, um dann die Gesundung nachhaltig zu fördern. Im Einzelfall kann es vorkommen, daß nicht nur zu einem Element ein gestörtes Verhältnis besteht. Sie sollten zur Behebung der Störung in folgender Reihenfolge vorgehen, die dem neu beginnenden Wassermann-Zeitalter entspricht:

1. Erde: Korrespondenz mit Jupiter – gelb
2. Luft: Korrespondenz mit Merkur – hellblau
3. Wasser: Korrespondenz mit Mond und Venus – silber
4. Äther: Korrespondenz mit Saturn – indigo
5. Feuer: Korrespondenz mit Mars und Sonne – rot

Die nachfolgenden Übungen sollen Schwierigkeiten mit dem jeweiligen Element beheben, über die jeweiligen Tattwa-Muster Kontakt mit dem Intelligenzmuster des dazugehörigen Planeten aufnehmen und damit die Blockade lösen. Um herauszufinden, zu welchem Element eine Blockade besteht, können Sie über folgendem Diagramm pendeln. Auf die Frage: »Zu welchem Element stehe ich in Disharmonie?« zeigt das Pendel deutlich den Sitz der Blockade an.

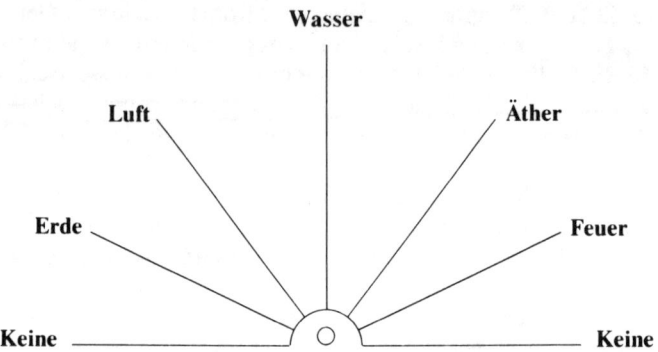

Vor jeder Stein-Tattwa-Behandlung sollten Sie den Patienten alle Tattwa-Symbole eingehend betrachten lassen. Auftauchende Disharmonien oder Unbehagen lassen sich oft nach einer Sitzung schon beheben. Treten daraufhin zu anderen Elementen Störungen auf, so lassen sich auch diese bald beheben. Der Steinheiler wird feststellen, daß die Arbeit mit Tattwa-Symbolen in Verbindung zu dem Auflegen von Edelsteinen eine deutliche Bereicherung darstellt.

Legen Sie die Steine in Körpergröße eiförmig in einer Ihnen gefälligen Reihenfolge hin. Der Patient legt sich in dieses Kraftfeld hinein. Die entsprechende Tattwa-Karte legen Sie auf den Solarplexus. So können Sie in natürlicher Harmonie Kontakt zu dem dazugehörigen Schutzengel aufnehmen. Die Übung mit jedem Element möchte ich Ihnen nachfolgend beschreiben.

Aus dem Urgeist entstand als erstes Element das Feuer. Es wirkt in der feinstofflichen als auch in der grobstofflichen Ebene. Es symbolisiert Wärme, Ausdehnung und Lichtwerdung. Den Gesetzmäßigkeiten der Polarität entsprechend bedeutet der positive Aspekt des Feuers Erneuerung, Aufbauen, Zeugen. Die negative Entsprechung ist Zerstörung, Vernichtung, Auflösung.

Die beste Zeit für die Übung ist Sonntag, der beste Ort im Umfeld einer Ulme oder Tanne, mit dem Kopf nach Süden und zum Baum, mit den Füßen nach Norden.

Ist diese Übung eher der Sonne als Planet zugeordnet, so ist die nachfolgende auf den dem Feuerelement zugehörigen Planeten Mars ausgerichtet.

Die beste Zeit für diese Übung ist Dienstag, der beste Ort im Umfeld einer Kiefer, Fichte oder Birke, mit dem Kopf zum Baum und nach Süden, mit den Füßen nach Norden.

Das Feuer-Tattwa birgt folgende Bedeutung in sich: Durchsetzungsvermögen, Trieb, Energie, Sexualität, Motorik, Vitalität, Wille. Es wirkt auf den Gesundheitszustand, insbesondere auf die Augen, Leber, Herz, Geschlechtsorgane, Muskulatur und das Immunsystem. Auf die Psyche wirkt es positiv bei Migräne, Entzündungen, Anämie, Bluterguß und Süchten aller Art.

Steine:
1. Feueropal
2. Zoisit mit Rubinkristallen
3. Nephrit
4. Chalzedon

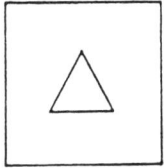

Zugeordnete Krankheiten: Herz- und Kreislaufstörungen, Rachitis, Ohnmachtsanfälle, Blutkrankheiten, Augenleiden, Schwächezustände, Entzündungen, Fieber, Gallenleiden, Neigung zu Verletzungen und Unfällen, Geschlechtskrankheiten, starke Blutungen.

Zugeordnete Organe: Gene, Erbenergie, Lebenskraft, Zellteilung, Herz, rechtes Auge, Großhirn, Kreislauf, Muskeln, Sehnen, rote Blutkörperchen, Galle, Nasenbereich, männliche Sexualorgane.

Wasser

Das Wasser wirkt wie das Feuer im feinstofflichen als auch im grobstofflichen Bereich. Das positive Prinzip der Beständigkeit, des Lebenserhaltens, der Ernährung und Reinigung steht dem negativen Prinzip von Zersetzung und Zerlegung gegenüber.

Die beste Zeit für Mondübungen ist Montag, der beste Ort im Umfeld einer Eibe oder Erle, mit dem Kopf nach Norden und zum Baum, mit den Füßen nach Süden.

Die folgende Übung ist auf den auch dem Element Wasser zugeordneten Planeten Venus abgestimmt.

Die beste Zeit für die Übung ist Freitag, der beste Ort im Umfeld eines Holunders oder einer Weide, mit dem Kopf zum Baum und nach Osten, mit den Füßen nach Westen.

Das Wasser-Tattwa birgt folgende Bedeutung in sich:
Fliessend, weich, Rhythmus, Sensibilität, Intuition, Wandel, Visionen, Hellsichtigkeit, Reinigung. Es wirkt auf den Gesamtgesundheitszustand, insbesondere auf den Hormonhaushalt, das Blut, das Kreislaufsystem, die Nieren, die Milz und die Gefäße. Psychisch wirkt es bei Frigidität, Impotenz, Bettnässen, Magersucht, Agressivität und Melancholie.

Steine:

1. Sarder
2. Jade
3. Gold
4. Chiastolith
5. Perlmutt oder Opalmuschel
6. Charoit
7. Tigerauge
8. Amethyst

Zugeordnete Krankheiten (Mond): seelische Erkrankungen, Geschwüre, Drüsenerkrankungen, Wassersucht, Magen- und Darmleiden, Erkrankungen der weiblichen Organe.

Zugeordnete Krankheiten (Venus): Drüsenerkrankungen, Nierenleiden, Mandelentzündung, Blasenerkrankung, Frauenleiden, Wucherungen, Krebs, Zellgewebsentzündungen.

Zugeordnete Organe: Körpereigene Abwehr, Lymphe, Thymusdrüsen, Kleinhirn, Magen, Schleimhäute, Seele, Fruchtbarkeitsorgane, Blutserum, Körperflüssigkeit, Drüsen, venöses System, Haut, Nieren, weibliche Brust und Mund.

Luft

Die Luft nimmt unter den Tattwas eine besondere Stellung ein. Sie vermittelt zwischen Feuer und Wasser, nimmt die Wärme des einen und die Feuchtigkeit des anderen auf und ist so ein Garant für alles Leben auf unserem Planeten – Das Bindeglied zwischen Lebensfunken und Lebensbeginn.

Die beste Zeit für die Luftübungen ist Mittwoch, der beste Ort im Umfeld eines Ahorns, Wacholders oder einer Lärche, mit dem Kopf zum Baum und nach Westen, mit den Füßen nach Osten.

Das Luft-Tattwa birgt folgende Bedeutung in sich:
Verstand, Balance, Erkenntnis, Verbindung von Himmel und Erde, Sprache, Ausdruck, Unterscheidung, rationales Denken. Es wirkt auf den gesamten Gesundheitszustand, hilft stärkend bei Kopfkrankheiten - Schädel, Haare, Haut – Gehirn, Hemisphären, Kehlkopf, Stimmbänder, Mandeln, gesamter Halsbereich, Ohren, Augen, Atemorgane, Asthma, Bronchitis und bei Kopfschmerzen. Auf die Psyche wirkt es besonders bei Ängsten.

Steine:
1. Blauer Edeltopas
2. Silber
3. Euklas
4. Azurit
5. Lepidolith

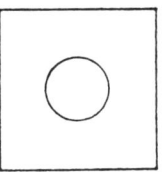

6. Chiasolith
7. Sugilith oder Luvulith
8. Sarder

Zugeordnete Krankheiten: Asthma, Erregungszustände, Gehörleiden, Sprachhemmungen, nervöse Störungen.
Zugeordnete Organe und Körperteile: Gehirn, Sprach- und Hörorgane, Hände, Motorik.

Erde

Aus der Vermischung der vorherigen Elemente ist das Erdelement und alles Leben entstanden. Das bedeutet aber auch Begrenzung und Einengung der anderen Elemente in Raum und Zeit, Leben und Tod, Tod und Leben.

Die beste Zeit für Erdübungen ist Donnerstag, der beste Ort im Umfeld einer Eiche oder Kastanie, mit dem Kopf nach Norden und zum Baum, mit den Füßen nach Süden.

Das Erd-Tattwa birgt folgende Bedeutungen in sich:
Materie, Beständigkeit, Karma, Strukturmuster, Schutz, Natur, Gerechtigkeit, Geborgenheit, Yin, Wiedergeburt etc. Es wirkt auf den gesamten Gesundheitszustand und dient der Stärkung des Immunsystems, der Lebenskraft, der Widerstandskraft, dem Knochengerüst, den Gelenken, Sehnen, Bändern, Weichteilen, der Haut und dem Verdauungssystem. Auf die Psyche wirkt es bei Depressionen und Lösung von Engrammen.

Steine:
1. Amethyst
2. Bergkristall
3. Amazonit
4. Lapislazuli
5. Turmalin
6. Bandachat
7. Sugilith oder Luvulith
8. Mondstein
9. Opal

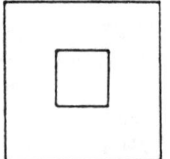

Zugeordnete Krankheiten: Leber und Gallenleiden, Diabetes, Hämorrhoiden, Schlaganfall, Arterienverkalkung, Fettsucht, Selbstvergiftung durch Fehlernährung, Ödembildung.
Zugeordnete Organe: Leber, Galle, Lunge, Bauchspeicheldrüse.

Äther

Dieses Element durchdringt alle anderen, ist unberührt von Zeit und Raum. Es ist das erste und letzte, hat alles erschaffen und ist keiner Polarität unterworfen. Es ist in allem und alles in einem.

Die beste Zeit für Ätherübungen ist Sonnabend, der beste Ort im Umfeld eines Apfelbaumes, mit dem Kopf zum Baum und nach Norden, mit den Füßen nach Süden.

Das Äther-Tattwa birgt folgende Bedeutung in sich: Lebensweisheit, Überlieferung, planetarisches Bewußtsein, Geist, Kollektivbewußtsein, Fortpflanzung, Information zur Nullzeit, Transzendenz, Lebenssinn- und -zweck, PSI-Fähigkeiten und Heilerqualitäten. Es wirkt auf alle psychischen Erkrankungen.

Steine:
1. Prasem
2. Alabaster
3. Blauer Edeltopas
4. Kunzit
5. Azurit
6. Chiastolith
7. Lepidolith
8. Labradorit
9. Rosenquarz
10. Amethyst
11. Aquamarin
12. Amazonit
13. Phantomamethyst
14. Aventurin

Zugeordnete Krankheiten: Stoffwechselbedingte Störungen, chronische Leiden, Steinbildungen, Verhärtungen, Rheuma, Gicht und Ablagerungen von Körpergiften.

Zugeordnete Körperteile: Haut, weiße Blutkörperchen, Zähne, Milz, Wirbelsäule, Gelenke, Knochen.

Heilelixiere aus Edelsteinen

Aus alten Texten wissen wir, daß in Europa bis etwa 1780 pulverisierte Steine als Heilmittel Verwendung fanden. In den damaligen Apotheken zählten sie zur Standardausrüstung. Heute ist ein wiedererwachtes Interesse u.a. durch die Erfolge der Ayurweda-Heilmethode zu beobachten.

Die Edelstein-Rezepturen decken sich jedoch nicht immer mit heutigen Erkenntnissen. Deshalb muß ich an dieser Stelle davor warnen, diese Rezepturen blind zu übernehmen und ihnen einfach glauben zu schenken. Jede Generation lebt mit ihren eigenen Krankheiten und speziell dafür zuständigen Heilmethoden. Ältere Rezepte sollten immer vorsichtig geprüft und ihre Anwendung mit einem kundigen Therapeuten abgestimmt werden.

Es gibt eine Vielzahl von Heilelixieren für die innere und äußere Anwendung, teils als Pulver, teils unter Verwendung des ganzen Steins. Legen Sie die gründlich gesäuberten Steine etwa drei Stunden in Wasser, Badezusätze, Massageöle oder ähnliches, um die in den Steinen enthaltenen Informationen aufnehmen zu können. Beachten Sie dabei die Tag- bzw. Nachtsteine, die Sie entweder in die Vormittagssonne stellen oder etwa zwischen 22.00 und 24.00 Uhr der kosmischen Energie aussetzen.

Sie können etwa fünf Tropfen des Elixiers einem Getränk zufügen und es geniessen. Beispielsweise empfiehlt sich als Heilgetränk gegen Angst trockener Weißwein mit Turmalin angereichert. Eine Steigerung der Lebensenergie erreichen Sie durch Heilwasser mit Rosenquarz, Amazonit und Achat. Oder nehmen Sie ein Bad mit dem angereicherten Zusatz, machen Sie Umschläge oder massieren das mit der Kraft der Edelsteine angereicherte Öl in den Körper ein. Jedes Bad erfrischt uns, weil uns das Wasser von vielen Belastungen befreit. Auf die gleiche Weise gelangen die Informationen der Steine in das Wasser, das Öl usw. Unterstützen können Sie diesen Informationsaustausch dadurch, daß Sie die Elixiere vor Gebrauch schütteln.

Wichtig zu beachten ist, daß Sie schädlich wirkende Steine vermeiden. Einige werden beim Abbau mit chemischen Substanzen verunreinigt. Selbst gründlichstes Waschen hilft kaum dagegen. Sehr wenige Steine wie Wismut enthalten natürliche Radioaktivität, die dem Körper in der vorkommenden Dosis schadet. Es sind aber nur wenige Edelsteine dermaßen verunreinigt. Die von mir gebrauchten und hier genannten Steinsorten sind in aller Regel unbedenklich, sollten aber dennoch vor jeder Behandlung gereinigt werden.

Achat
Bei Akne sollte man Achatpulver mit Karottensaft vermischen und auf die erkrankte Haut auftragen. Erhitztes Achatpulver zieht Gift aus dem Körper, wenn man es auf Stich- oder Bißwunden streicht, die von Wespen oder Zecken herrühren. Bei Geisteskrankheiten kann man Achatpulver in Apfelsaft verabreichen.

Bernstein
Es wird empfohlen, Bernsteinpulver nach traumatischen Verletzungen, Verdauungsbeschwerden, Rheuma, Nierenerkrankungen usw. einzunehmen.

Beryll
Nach Vergiftungen des gesamten Körpers soll man Beryllpulver in einem Glas Wasser aufgelöst zu sich nehmen. Dies erzeugt starken Brechreiz und starken Durchfall, was entscheidend zur allgemeinen Entgiftung beitragen kann. Bei Nieren-, Blasen- und Leberleiden soll man einen Beryll etwa eine Stunde in ein von der Sonne bestrahltes Glas mit Wasser legen und anschließend die Arznei zu sich nehmen.

Hämatit
Bei allen allergischen Augenentzündungen enpfiehlt es sich, Hämatitpulver mit Honig zu vermischen und auf die entzündeten Augen aufzutragen. Ebenfalls kann man die genannte Paste bei Akne, Abzessen und Wunden verwenden.

Lapislazuli

Zur Stärkung des Augenlichts soll man diesen Stein ca. 15 Minuten in ein Glas mit warmem Wasser legen und die Flüssigkeit dann trinken. Ebenfalls wird empfohlen, bei allen spasmischen Erkrankungen Lapislazuli in regelmäßigen Abständen einzunehmen.

Malachit

Bei Flechten empfiehlt es sich, Malachitpulver in Obstessig äußerlich und innerlich anzuwenden. Eine schmerzhafte und unregelmäßige Menstruation kann Erleichterung finden, wenn man regelmäßig fünf Tage vor Einsetzen der Regel Malachitpulver in Wein zu sich nimmt.

Onyx

Bei allen Herz- und Kreislauferkrankungen, Magen- und Darmproblemen bietet sich Onyx als wunderbares unterstützendes Heilmittel an. Bei eitrigen Wunden kann man Onyxpulver auf die Wunde streuen; dies unterstüzt erheblich den Heilungsvorgang. Augenerkrankungen kann man mit vergärtem Onyxwein lindern.

In alten Schriften sind weitere Beispiele und Rezepte zu finden. Vor solch einer Anwendung ist es jedoch ratsam, einen Steintherapeuten um Rat zu fragen. Auf Grund ihrer einfachen Herstellung und Anwendung kann ich die Steinheilmittel allgemein empfehlen. Die Wirkung ähnelt derjenigen der Bachblütentherapie.

Akupunktur mit Edelsteinen

Alle Meridiane sind Hohlorgane, durch die Lebensenergie fließt. Diese Lebensenergie hält sich etwa zwei Stunden in einem der 12 Meridiane auf. Die Lebensenergie unterliegt einer zeitlichen Gesetzmäßigkeit, in der ein Meridian von der umlaufenden Lebensenergie am stärksten durchflutet wird. Diese Zeit wird Optimal- oder Maximalzeit genannt. Ein Organ und sein Meridian sind während der Optimalzeit sehr aktiv und empfindlich. Zu diesem Zeitpunkt ist es ideal, therapeutisch auf den entsprechenden Akupunkturmeridian einzuwirken.

Die Verbindung zwischen einzelnen Meridianen nennt man Passagepunkte, weil sie die Lebensenergie von einem zum anderen Meridian weiterleiten. Kommt es zu einer Meridianstörung, so entsteht meist auch ein Energiestau zwischen zwei Meridianen, den man ebenfalls durch Sendierung lösen muß. Bestimmte innere und äußere Einflüsse in der Vorgeburts- und Geburtsphase beeinflussen den jungen Menschen und machen sich im Gesamtenergie-, Chakren- und Akupunkturmeridiansystem belastend bemerkbar. Diese Energiestörung bewirkt im weiteren Lebensverlauf organische Störungen, die wiederum reflektierend über das Akupunkturmeridian- und Chakren-Energiesystem auf unseren Bioplasmakörper einwirken. Kennern ist es möglich, mit Hilfe der Pulsdiagnose festzustellen, wo sich ein Energiestau zwischen den Akupunkturmeridianen befindet bzw. welcher Meridian zu stark energetisiert ist oder nicht.

Folgende Behandlung empfehle ich dafür: Behebung des Energiestaus in der Meridianpassage mittels eines Jadesteins durch streichende Bewegungen, danach Akupunkturmassage des nachfolgenden Meridians mit einem Bergkristall. Diese Passagen befinden sich ausschließlich in der Bioplasmahülle, deshalb sollte auch dort behandelt werden.

Für Übungen geeignete Steine sind Turmalin oder Bergkristall. Am besten stellen Sie mit dem Pendel die Polarität des Steins fest. Das Minusende dreht in einem Linkskreis, das Plusende in einem

Rechtskreis. Behandelt wird mit dem Minusende, am idealsten, wenn es die Spitze des Kristalls ist. Zum Energieaufladen ist der Rosenquarz geeignet. Da er nicht in äußerlich sichtbarer Kristallform gewachsen ist, sondern nur seine innere Struktur kristallin ist, nehmen wir hierfür einen Handstein oder eine zugeschliffene Kristallspitze als Akupunkturspitze. Um Belastungen aus dem Körper zu nehmen, eignet sich generell der Amethyst, auch als Handschmeichler, oder der dem Organ bzw. der Störung zugeordnete Stein, den Sie den Zuordnungen entnehmen oder selbst austesten oder auspendeln können.

Energetisches Aufladen des ganzen Körpers

Das Aufladen durch Akupunktur mit einer Kristallspitze beginnen wir tagsüber (Biotag) mit dem rechten Fuß, dann behandeln wir die linke Hand. Abends (bei Bionacht, wenn die Amseln zu singen aufgehört haben) beginnen wir bei dem linken Fuß, gehen dann über zur rechten Hand. Der Kristall wird zwischen Zeigefinger und Daumen genommen, die restlichen drei Finger werden gestreckt – wie im Runenkapitel auch erläutert! Entweder akupunktieren Sie nur die Mitte der Finger- oder Zehenkuppe.

Über die Fußreflexzonen können Sie sich mit etwa 20 Handschmeichlern aus Bergkristall und Amethyst aufladen. Stellen Sie sich barfüßig auf diese 20 oder mehr Steine und bewegen die Füße leicht. Hierbei aktivieren Sie den gesamten Körper über die Reflexzonen.

Über die Ohr-Akupunktur können Sie sich mit einem großen Rosenquarz-Handschmeichler aufladen. Nehmen Sie den Stein in Ihre linke Hand und legen diese auf das linke Ohr. So aktivieren Sie Ihren gesamten Körper über die einzelnen Punkte des Ohrs. Spezielle Bereiche lassen sich entsprechend nachfolgender Zeichnung aktivieren.

1. Lädt den gesamten Kopfbereich auf
2. Nierenpunkt hinter dem Ohr
3. Hohlorgane hinter dem Ohr
4. Beckenbereich, Füße, hinter dem Ohr
Alle genannten Punkte sollten behandelt werden.

Für die Zahnakupunktur mit einem Bergkristall können Sie dem defekten Zahn von außen über die Wange mit Hilfe des Kristalls Licht senden. Zur allgemeinen Körper-Schmerzakupunktur behandeln Sie analog jeweils die gegenüberliegende Stelle.

Um das Rückgrat zu akupunktieren, nehmen Sie einen Kristall in der beschriebenen Weise und behandeln zuerst die Segmente rechts neben dem Rückgrat von oben nach unten und dann links neben dem Rückgrat von unten nach oben. Dies mindestens dreimal oder so oft sie wollen. In dem Fall ist es sinnvoll, wenn der Behandelte aufrecht sitzt oder steht.

Massieren Sie die Fußsohlen des Liegenden in kreisenden Bewegungen, von der Hacke zu den Zehen, dann die Hände in gleicher Weise. Anschließend massieren Sie die Waden, immer von oben nach unten, in dem Fall von den Kniekehlen zur Ferse, die Schenkel, das Gesäß, dann die Unterarme und die Oberarme. Zum Schluß massieren Sie den Rücken vom Steiß bis zum Schultergürtel.

Nachdem der Körper so massiert wurde, setzen Sie sich vor den Kopf des Liegenden und halten beide auf dem Handteller liegenden Amethyste fest an die Hemisphären des Liegenden. Damit polarisieren Sie dessen Gehirnhälften und gleichen sie aus. Nun behandeln Sie die drei »Krebspunkte«, die für den reibungslosen Informationsaustausch unter unseren Zellen wichtig sind. Sind diese blockiert, besteht die Gefahr der Zellkernerregung, gegen die sie durch Aktivierung dieser Punkte angehen können. Der erste Punkt sitzt etwa drei cm hinter dem Haaransatz, von der Stirn aus in der Mitte. Machen Sie kleine kreisende Bewegungen mit dem Amethyst. Die andere Hand halten Sie entgegengesetzt gegen die Medulla oblongata, das verlängerrte Rückenmark, am oberen Rand des Genicks. Anschließend massieren Sie die beiden anderen Punkte in der Mitte direkt hinter den Ohren. Diese Punkte stehen in Verbindung zur Epiphyse.

Weitere Anwendungsmöglichkeiten der Edelsteintherapie

Kirliandiagnostik

Anhand der Kirliandiagnostik ist der geschulte Therapeut heute in der Lage, energetische Vorgänge im Bioplasmafeld eines Lebewesens selbst für Skeptiker sichtbar zu machen. Für mich stellte dieses Verfahren eine Möglichkeit der Beweisführung im Zusammenhang mit der Bergkristallakupunktur dar, mit der ich den Erfolg einer Edelsteintherapie nachweisen konnte. Die Aufnahmen zeigten eindeutig, daß der Patient vor allem an einer Stoffwechselerkrankung litt, die sich besonders im linken Fuß (=Niere links) darstellte. Schon nach etwa drei Minuten verdeutlichte eine erneute Kirlianfotographie die vorteilhafte Anregung der rechten Niere. Der versierte Therapeut wird die anderen deutlich sichtbaren unterschiedlichen Merkmale gleich erkennen.

Gepulverte Edelsteine

Sie finden alle auf vielfältige Weise in der Homöopathie ebenfalls ihre Anwendung. Der Bergkristall zum Beispiel gleicht Zelldruck und Zellspannungen aus.

Heilung der Aura

Alle Steinheilungen wirken auf die Aura, auch wenn sie diese nicht direkt behandeln. Hierbei werden Engramme und Falschinformationen gelöscht, sowie Risse und Bruchstellen in der Aura geschlossen. Die ursprüngliche Verbindung zwischen physischem Körper und Aura wird dadurch wieder hergestellt. Über die Heilung der Aura kann der Körper mitgeheilt werden, da die Belastung oft auf dem gleichen Weg entsteht.

Handschmeichler

Die »Touchstones« sind abgerundete, geglättete und polierte Steine, die sich in die Hand schmiegen. Bei diesem Vorgang nehmen unsere Körperrezeptoren bestimmte vom Stein ausgehende Informationen auf und leiten diese weiter zu unseren Körperzellen. Dadurch sind diese wieder in der Lage, gemäß ihrer Urprogrammierung zu arbeiten. Der menschliche Körper stellt in seiner Gesamtheit eine Art «Bio-Computer» dar. Wenn wir unseren Körper in ein für uns zu diesem Zeitpunkt nicht gesundes Spannungsfeld hineinbewegen, wird unser Urcode von anderen Informationen überlagert und somit gestört. Hieraus entsteht ein sogenanntes »Out of Memory«, welches wir durch eine Deprogrammierung mit anschließender Neuprogrammierung beheben können.

Anhänger und Amulette

Edelsteine als Schmuck oder Anhänger getragen zeigen ebenfalls ihre Wirkung. Da man Schmuck meist bedenkenlos lange trägt, sollten Sie sich über die Auswirkungen Ihres Schmuckstückes Auskunft holen. Vergessen Sie nicht, ihn öfters unter fließendem Wasser zu entlasten und nachts abzulegen. Handsteine können in einem kleinen gehäkelten Netz getragen werden, welches Sie um den Hals hängen und in der gewünschten Höhe so auf den Körper wirken lassen. Das ist besonders sinnvoll bei Steinen, die zum Schutz unseres Sonnengeflechtes getragen werden und auf Herz oder Bauch einwirken sollen.

IV. Der persönliche Umgang mit Edelsteinen

Die Pflege der Steine

Bei allen Steinbehandlungen müssen Sie unbedingt darauf achten, daß Sie den Stein häufig reinigen und neu aufladen, da jeder Stein dem Behandler selbst Energie abzapfen kann. Ein Kristall ist bei einer Behandlung auf Heilung programmiert. Falls bei seiner Arbeit seine Eigenenergie verbraucht ist, nimmt er die für diesen Vorgang nötige Kraft vom Behandler selbst. Um diesen Vorgang unter Kontrolle zu halten ist es ratsam, z.B. einen geschulten Pendler um Mithilfe zu bitten oder eine eigene in uns wohnende Sensibilität so zu schulen, daß eine Steinbehandlung für Patient und Therapeut von Vorteil ist.

Reinigen Sie den oder die Steine vor jeder Behandlung unter fließendem Wasser. Entwickeln Sie dabei Ihr dazugehöriges persönliches Ritual. Denken Sie daran, daß ein Stein seine Aktivierung verliert oder verändert, wenn er mit anderen Steinen zusammenliegt. Auch gleichartige Steine nehmen natürlich Einfluß aufeinander. Das sollten Sie bei der Aufbewahrung Ihrer Steine berücksichtigen.

Ein weiterer zu beachtender Punkt bei der Aufbewahrung Ihrer Heilsteine ist die Aufladungs- und Reinigungstechnik unter Einfluß von Sonne, Mond und Wasser. Die Steine werden in zwei große Gruppen unterteilt, in Sonnensteine und Nachtsteine. Auf Grund der Polarität der Steine sind die ersten in der Lage, von dem zweipoligen Lichtphotonen der Sonne positiv und negativ gepolte Energie aufzunehmen. Letztere sollten jedoch nur negative kosmische Energie durch das Licht des Mondes und der Sterne aufnehmen. Bei falscher Verwendung kann der Stein unbrauchbar und wertlos werden.

Folgende Steine sollten nur nachts der kosmischen Energie ausgesetzt werden:

Amethyst – Brasiliankristall – Charoitkristall – Chrysokoll – Chrysopras – Chalcosit - Dentritenkristall – Diaspor – Granat – Heliotrop – Jaspis – Kunzit - Labradorit – Luvolith (Sugilith) –

Malachit – Mesolith – Milchquarz – Moldavit – Mondstein – Nephrith – Obsidian – Opal – Orangencalcit – Physolith – Rhodochrosit – Rosenquarz – Rubin – Sanidin – Sepidolith – Smaragd – Sodalith – Topas.

In diesem Zusammenhang möchte ich noch erwähnen, daß man die Stoffwechselaktivitäten einiger Steine mit Hilfe homöopathischer Potenzen wieder aktivieren kann. 3-5 Tropfen sollte man etwa 30 Minuten vor jeder Behandlung auf den Stein einwirken lassen.

Amethyst aktiviert mit Ferrum D6 (Eisen)
Bergkristall aktiviert mit NatriumSulfusicum D5 (Glaubersalz)
Aquamarin aktiviert mit Phosphorus D10 (Phosphor)
Achat aktiviert mit Phosphorus D7
Rosenquarz aktiviert mit Phosporus D4
Mammutbaumstein aktiviert mitManganum D7 (Mangan)
Schneeflockenobsidian aktiviert mitAluminia (Aluminium)
Magnesit aktiviert mit Ferrum D4 (Eisen)
Luvolith – Sugulith aktiviert mitNatrium D10 (Salz)
Diamant aktiviert mit Calciumflouratum D7 (Kalziumfluorid)

Edelsteine, besonders Bergkristalle, haben ein enormes Speichervermögen für alle Energieformen, nicht nur für die von uns gegebenen Informationen. In der Nähe elektromagnetischer Spannungsfelder entwicklen sie eine Verstärkerfunktion, die die Belastung durch lebensfunktionsstörende Energien im unmittelbaren Umfeld erheblich steigert. Im Wohnbereich sollten Sie die Steine immer an der Nord- und Südwand aufbewahren. Die Steinspitzen zeigen dabei immer nach Süden! Auch im Freien stehende Kristalle sollten auf diese Weise ausgerichtet werden. Stehen Bergkristalle z.B. in einem Wasserteich, so nehmen sie die bei Regenwetter häufig in der Luft mitgeführten bipolaren Teilchen wie Gorgon, Xenon, Radon usw. auf und verteilen sie wieder über die Spitzen an ihre Umgebung zentriert weiter. Mikrowellen scheinen von dem Stein aufgenommen zu werden und sich zu ihrem

Nachteil auszuwirken. Dabei sollten Sie vorsichtig sein. Reinigen Sie auf jeden Fall die Steine vor jeder Heilbehandlung.

Während des Umgangs mit Edelsteinen finden Sie sicher bald einen Kristall, der ganz auf Ihre persönlichen Bedürfnisse abgestimmt ist. Er fällt Ihnen zu und Sie wachsen mit ihm zusammen. Seine Kräfte können Sie zum Aufbau eines Kraftplatzes nutzen oder ihn als Beschützerstein verwenden. Sie können von ihrem Edelstein lernen!

Wie dieser, durch besondere Umstände oder nach gezieltem Suchen zu Ihnen gekommene Stein in besonderem Maße Ihren Bedürfnissen entspricht, so enthalten alle Steine wirkungsvolle Kräfte. Sie wollen aber auch entsprechend behandelt werden und fordern Ihre Pflege bei der Aufbewahrung und Reinigung. Beachten Sie nachfolgende Ausführungen, um die Heilkraft der Steine zu erhalten. Bedenken Sie auch einmal, daß Vorstellungskraft und Wille bei jeder Art von Heilung eine große Rolle spielen. Erst der Wunsch, geheilt werden zu wollen, ermöglicht dem Therapeuten, die positiven Kräfte zu aktivieren.

Ihr persönlicher Kristall kann Sie durch das ganze Leben, gewiß aber über einen längeren Zeitraum begleiten. Dieser Stein kommt zu Ihnen und schenkt die Möglichkeit zur Selbstfindung. Er ist wie ein Buch, aus dem Sie lesen ohne zu lesen und doch wissen. Eine Übung zur verstärkten Kontaktaufnahme zu Ihrem persönlichen Stein möchte ich hier beschreiben. Jeder Bergkristall, den Sie selbst programmieren, kann diese Aufgabe erfüllen. Jede Bestimmung oder Beeinflussung eines Steines ist wirkungsvoll. Je reiner das Bewußtsein im Moment der Affirmation oder Programmierung ist, um so wirkungsvoller ist sie. Das birgt aber bei Unwissenheit auch Gefahren in sich. In einer Gruppe habe ich eine Übung gemacht, um herauszufinden, zu welchem Element bzw. zu welchen dazugehörenden Planeten eine Störung besteht. Auf die Schwingung des Planeten versuchte ich die Schwingung meiner Körperzellen zu programmieren, um die Störung zu beheben. Mir ging es fabelhaft, und ich genoß die neue Energie, die meinen Körper durchflutete. Wir unterhielten uns weiter über andere Dinge, als es mir nach einer Stunde ganz elend ging. Nach einigem Nachdenken kam ich auf die Ursache: ich hatte vergessen, das »Programm« abzuschalten. Meine Zellen versorgten sich immer noch mit Mars-Energie, aber nun war es zuviel geworden. Ich will damit sagen, daß man Programme und Beeinflussungen zur richtigen Zeit auch wieder löschen muß.

Es ist dabei sehr wichtig, jeder Energieform einen Namen zu geben. Man darf sie nie wegschicken, ohne vorher genau zu definieren, wohin sie soll und welche Aufgabe sie nun zu erfüllen hat. Der programmierte persönliche Kristall kann einem Freund und Helfer in vielen Situationen sein.

Der Beschützerstein

Ideal ist ein Pärchen aus einer einendigen Zwillingsspitze. Das sind zwei zusammengewachsene Bergkristalle mit einer kurzen und einer langen Spitze, dazu ein Handschmeichler, ebenfalls aus Bergkristall. Tagsüber sollten die beiden Steine zusammenliegen, mit der Spitze nach Norden, Stumpf nach Süden; ab Bionacht (wenn die Amseln zu singen aufhören) Spitze nach Osten, Stumpf nach Westen. Dadurch passen sich die Steine dem natürlichen Energiefluß der Erdmeridiane unseres Planeten an. Für die Akupunktur wirkt ein so aufgeladener Stein besonders gut.

Das Geheimnis dieses Handsteins liegt darin, daß er den Akupunkturstein in seinem Heilauftrag unterstützt. Es kann passieren, daß er allmählich trüb wird, energetisch zu schwach zum Helfen wird, sogar zerspringt und von einem anderen Stein ersetzt werden muß. Bei der Behandlung sollte der Beschützerstein in unmittelbaren Kontakt mit dem Patienten kommen, indem er ihn z.B. in der Hand hält – die Frau in der rechten, der Mann in der linken Hand.

Sie sollten immer bedenken, daß Steine von sich aus gar nichts machen. Aber schon, wenn ich an meine Steine denke, aktiviere ich sie und muß dann auch etwas für sie tun. Andernfalls können sie einen Polaritätenausfall, die Ungleichheit von Yin und Yang verursachen. Zur Pflege zählt natürlich der notwendige Aufladungs- und Reinigungsprozeß.

Außerdem glaube ich, daß ein ausgedienter Beschützerstein einen Ehrenplatz im Haus oder Garten verdient hat.

Der persönliche Kraftplatz

Diesen Platz können Sie in Ihrer Wohnung oder im Freien wählen. Wenn Sie die folgende Meditation immer an dem gleichen Platz machen, entsteht mit der Zeit Ihr persönlicher Kraftort, der die Informationen Ihrer Meditationen gespeichert hat, zu denen Sie jetzt jederzeit sofort Kontakt aufnehmen können. Je mehr Sie dort an Informationen speichern, um so stärker wird dieser Kraftort. Durch die wiederholte Meditation wird ein Dimensionstor geöffnet, welches Sie in Ihr persönliches Kraftumfeld einschwingen läßt. Legen Sie Ihre Steine auf ein Tuch an diesem Ort. Dort werden sie in ihrer Schwingung dem Kosmos angeglichen und können helfen, Blockaden zu lösen.

Morgenmeditation mit der Rune Man

Breiten Sie die Arme weit nach oben und bilden mit Ihrem Körper die Rune Man. So ausgeführt wirkt diese Rune auf Ihre Hypophyse und aktiviert den gesamten oberen Drüsenapparat, die Schilddrüse, Epiphyse, Hypothalamus, Ohrspeicheldrüse etc.

Wenn Sie mit der Übung beginnen, drehen Sie sich so lange nach links, nach rechts, bis Sie sich optimal in die vorhandenen Schwingungen eingependelt haben. So nehmen Sie Kontakt auf zu den sieben Hauptkräften des Geistes, Gott, Ewigkeit, Schöpferkraft, Friede, Kraft, Liebe und Weisheit. Wenn Sie sich bewußt machen, daß diese Fähigkeiten nicht nur Worte, sondern Wesenheiten sind, die unser gesamtes Weltgefüge regieren, ahnen Sie den tatsächlichen Sinn dieser Übung.

Abendmeditation mit der Rune Yr

Halten Sie abends die Arme gestreckt und vom Körper weg nach unten und bilden so mit Ihrem Körper die Rune Yr. So ausgeführt wirkt diese Rune auf den unteren Drüsenapparat und aktiviert die Nebennieren, Eierstöcke, Keimdrüsen, Bauchspeicheldrüsen etc.

Pendeln Sie sich wieder ein, rechts drehen, links drehen, bis Sie den richtigen Stand gefunden haben. So nehmen Sie Kontakt zu den Erdgeistern auf, zur Mutter Erde, Materie, Leben, Freude, Feuer, Wasser und Luft. Dies sind die irdischen Kräfte und Wesenheiten. Sie können sich die sieben Wochentage zu Hilfe nehmen und jeden Tag über eine der väterlichen und mütterlichen Prinzipien meditieren, indem Sie sich bewußt machen, was diese Kräfte für Sie in Ihrem Leben bedeuten, und jede Woche wieder von vorn anfangen.

Handhabung der Pendeltafeln

Wenn Sie sich unsicher sind, welcher Stein für Sie in der jeweiligen Situation am hilfreichsten ist, können Sie ihn auspendeln. Fast jeder hat die Fähigkeit zu pendeln, er muß es nur wirklich wollen und ausprobieren. Schreiben Sie auf ein leeres Blatt Papier die jeweilige Frage und bitten Sie Ihren Geistführer, diese zu beantworten.

Pendeln Sie dann über der ersten Pendeltafel Ihre speziellen Heilsteine aus, bis das Pendel auf »Nein« oder »Andere« weist. Gehen Sie dann zur nächsten über, denn es können einer oder mehrere Steine sein. Sie sollten hierbei auch die Reihenfolge beachten. Wenn Sie die Auswahl der Steine erfahren haben, können Sie zur genauen Anwendung der Steine die Pendeltafeln »Anwendung« zu Rate ziehen. Haben Sie »Ihre« Steine gefunden, dann können Sie bewußt mit ihnen arbeiten.

Heilsteine

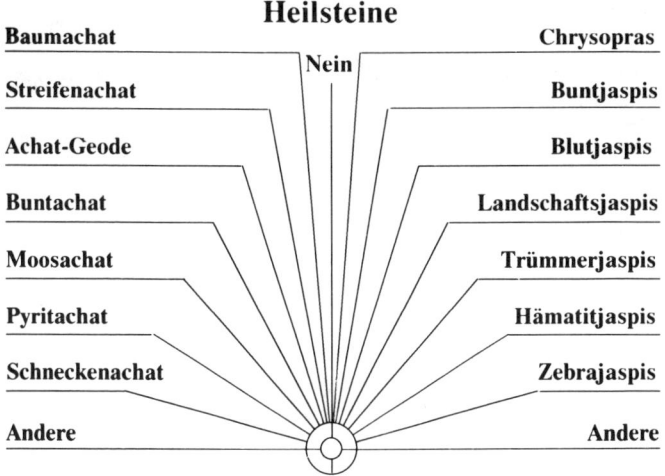

Baumachat — Nein — Chrysopras
Streifenachat — Buntjaspis
Achat-Geode — Blutjaspis
Buntachat — Landschaftsjaspis
Moosachat — Trümmerjaspis
Pyritachat — Hämatitjaspis
Schneckenachat — Zebrajaspis
Andere — Andere

Heilsteine

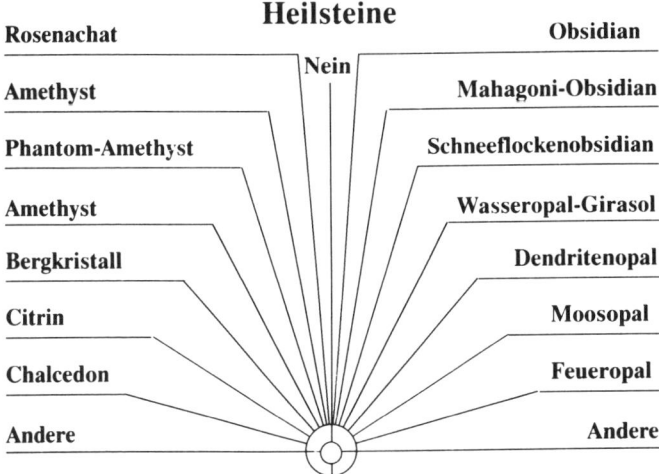

Rosenachat — Nein — Obsidian
Amethyst — Mahagoni-Obsidian
Phantom-Amethyst — Schneeflockenobsidian
Amethyst — Wasseropal-Girasol
Bergkristall — Dendritenopal
Citrin — Moosopal
Chalcedon — Feueropal
Andere — Andere

Heilsteine

Weißer Opal

Schwarzer Opal

Oranger Aventurin

Grüner Aventurin

Falkenauge

Gelbquarz

Prasem Grünquarz

Andere

Nein

Tigerauge

Chrysolith

Amazonit

Aquamarin

Azurit

Bernstein

Pyrit

Andere

Heilsteine

Goldquarz

Grauquarz

Rauchquarz

Morion

Rosenquarz

Sarder

Schneequarz

Andere

Nein

Charoit

Chrysocoll

Iolith

Dolomit

Heliotrop

Fluorit

Grüner Granat

Andere

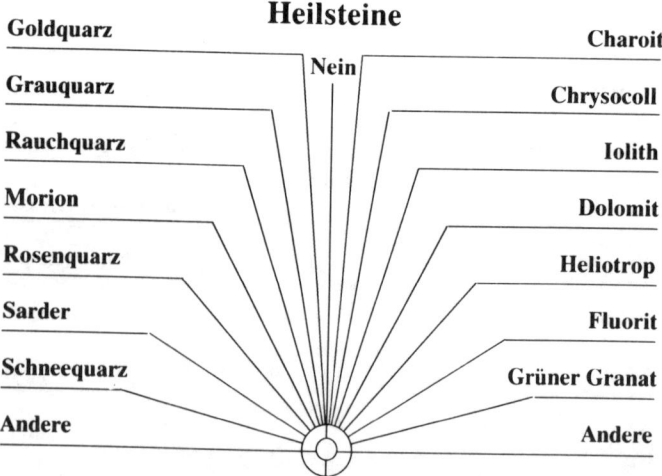

Heilsteine

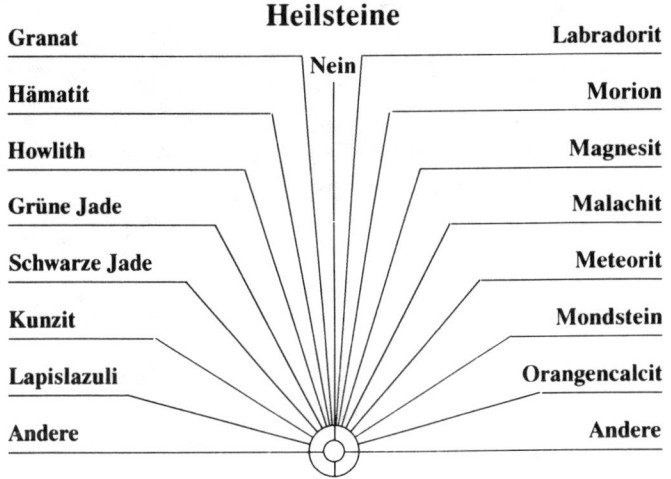

Granat

Hämatit

Howlith

Grüne Jade

Schwarze Jade

Kunzit

Lapislazuli

Andere

Nein

Labradorit

Morion

Magnesit

Malachit

Meteorit

Mondstein

Orangencalcit

Andere

Heilsteine

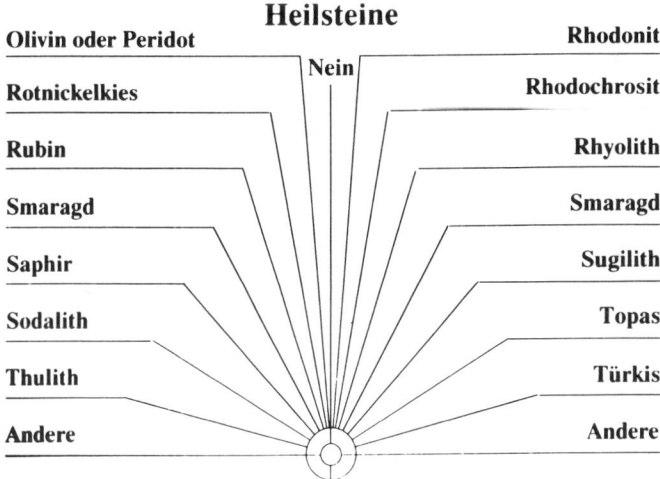

Olivin oder Peridot

Rotnickelkies

Rubin

Smaragd

Saphir

Sodalith

Thulith

Andere

Nein

Rhodonit

Rhodochrosit

Rhyolith

Smaragd

Sugilith

Topas

Türkis

Andere

Heilsteine

	Nein	
Turmalin		Diamant
Beryll		Zoisit
Zirkon		Zoisit mit Rubin
Karneol		Lepidolith
Jaspis		Calcit
Versteinertes Holz		Goldfluß
Rutilquarz		Turmalinquarz
Andere		Andere

Anwendung

	Nein	
Tagsüber		Nachts
Handschmeichler		Naturstein
Doppelender		Geschliffen
Auflegen (Meditation)		Tragen
Rechts		Links
Meridian-Punkt suchen		Pyramidenpaar (Meditation)
Andere		Andere

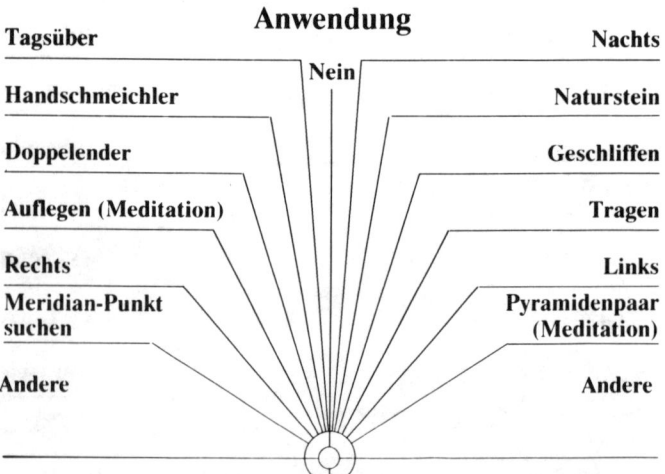

Anwendung

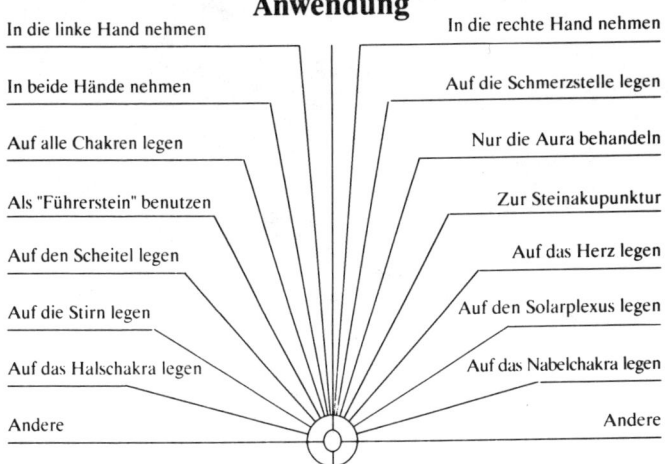

In die linke Hand nehmen

In beide Hände nehmen

Auf alle Chakren legen

Als "Führerstein" benutzen

Auf den Scheitel legen

Auf die Stirn legen

Auf das Halschakra legen

Andere

In die rechte Hand nehmen

Auf die Schmerzstelle legen

Nur die Aura behandeln

Zur Steinakupunktur

Auf das Herz legen

Auf den Solarplexus legen

Auf das Nabelchakra legen

Andere

Anwendung

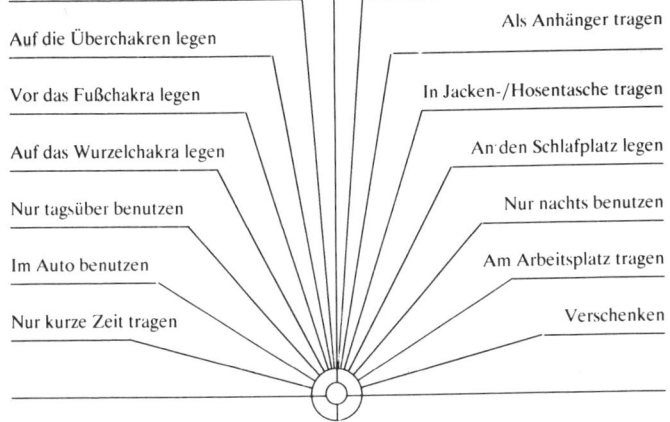

Auf die Überchakren legen

Vor das Fußchakra legen

Auf das Wurzelchakra legen

Nur tagsüber benutzen

Im Auto benutzen

Nur kurze Zeit tragen

Als Anhänger tragen

In Jacken-/Hosentasche tragen

An den Schlafplatz legen

Nur nachts benutzen

Am Arbeitsplatz tragen

Verschenken

V. Anhang

Edelsteine für Krankheit und Heilung

In der folgenden alphabetischen Liste von Krankheitsbildern und Heilzielen finden Sie zu jedem Stichwort eine Auswahl von Steinen, deren Heilwirkung für den jeweiligen Zweck besonders wirksam ist, wenn Sie sie miteinander kombinieren. Legen Sie die entsprechenden Steine eiförmig in der Größe Ihres Körpers aus und legen Sie sich täglich 10 Minuten in dieses Energiefeld. Konzentrieren Sie sich während der Übung darauf: Ich nehme die Schwingungen dieses Energiefeldes wahr und trage zur Gesundung von ... bei.

Bei jeder Behandlung sollten Sie individuell vorgehen. Die aufgeführten Anleitungen sind Anregungen, die Sie beachten sollten, die aber ausgeweitet werden können. Für die therapeutische Behandlung bieten die nachfolgenden Tabellen zu den Steinkompositionen eine Hilfestellung.

1. Setzen Sie die entsprechenden Steine tags auf die nach Nord-Süd und nachts auf die Ost-West ausgerichtete Hagal-Rune. Wirkungsvoller ist es, wenn Sie auspendeln können, auf welchen Strich oder Punkt Sie die einzelnen Steine am besten setzen.
2. Steinheilung ist Homöopathie zum Anfassen. Lassen Sie sich ermutigen, die entsprechenden Steine zwischen Ihre beiden Hände zu nehmen.
3. Legen Sie die Steine in körpergroßer Eiform auf den Boden und legen sich selbst in dieses Energiefeld hinein. Ist nur ein Stein angegeben, so können Sie mehrere der gleichen Art verwenden.
4. Benutzen Sie zusätzlich die Pendeltafeln, um Ihre hilfreichen Steine zu finden.

Ideal ist immer, wenn ein Pendler die zeitliche Anwendung kontrolliert, um so einem Stau im körpereigenen Energiesystem vorzubeugen, der bei Überdosierung jederzeit eintreten kann. Um dann die hierdurch entstandenen Blockaden wieder zu lösen, bedarf es viel Fingerspitzengefühls und Erfahrung. Man sollte also niemals mit einer Behandlung beginnen, ohne die nötigen Kenntnisse oder die nötige Begabung zu besitzen. Lassen Sie sich aber auch nicht entmutigen, denn es ist noch kein Meister vom Himmel gefallen.

Absorbieren von Radonbelastungen: (aus Netzleitungssystemen, Steckdosen, Elektrogeräten usw.) Gold, Kunzit, Sugilith, Bergkristall, Baumquarz

Abwehrkräfte stärken: Baumquarz, Grüner Granat, Schwarzer Turmalin, Phantomquarz

Allergie: Aquamarin

Angina pectoris: Jaspis, Phantomamethyst, Lapislazuli, Heliotrop

Angst: Schwarzer Turmalin, Bernstein, Lapislazuli

Arterien: Aquamarin, Rosenquarz, Heliotrop, Amethyst, Achat

Asthma: Rhodonit, Citrin

Aufladen: Rosenquarz, Schneeflockenobsidian, Aquamarin

Augen: Aventurin, Streifenachat, Türkis, Rosenquarz, Sodalith, Amazonit

Bandscheiben: Hämatit, Phantomamethyst, Grünquarz

Bauchspeicheldrüse: Jade, Streifenachat, Morion

Beruhigung: Rubin, Koralle, Mondstein

Bindegewebe: Smaragd

Bioplasmahülle stärken: Weißer Opal, Falkenauge, Bernstein, Amazonit, Rosenquarz, Dolomit, Charoit, Smaragd, Lepidolith, Amethyst

Blasenerkrankung: Jaspis, Jade

Blutarmut: Morion, Aventurin, Topas, Hämatit, Malachit

Bronchien/Bronchitis: Smaragd, Morion, Chrysopras, Bernstein, Aquamarin

Darmmotorik: Blutjaspis, Diamant, Chrysokoll, Saphir

Depressionen: Lapislazuli, Granat, Chalzedon, Amethyst

Dickdarm: Morion, Topas

Dünndarm: Streifenachat, Grossular, Milchquarz, Heliotrop, Gold, Azurit

Durchblutungsstörungen: Jade, Alabaster

Ekzeme: Aventurin, Aquamarin, Bergkristall

Elektromagnetische Störungen: Kunzit, Blauer Topas, Chiastolith

Entgiften/Entschlacken: Zirkon, Zoisit mit Rubin, Olivin (Chrysolith, Peridot), Moosachat, Heliotrop

Erkältung: Rhodonit, Tigerauge, Amethyst, Turmalin, Heliotrop, Aquamarin, Smaragd

Fettsucht: Turmalin, Phantomquarz, Amethyst, Lepidolith, Jade

Fußpilz: Jade

Gedächtnis: Smaragd

Gehirn, Harmonisieren und Koordinieren beider Hälften: Bergkristall, Grünquarz, Turmalin, Rosenquarz, Schneeflokkenobsidian, Diamant, Chalzedon, Rubin

Gelenkentzündung: Rosenquarz, Amazonit, Achat

Genickstarre: Magnetit, Turmalin, Jade

Grauer Star: Blauer Topas, Kunzit, Bandachat, Charoit

Grüner Star: Charoit, Azurit, Achat, Bergkristall, Heliotrop

Gürtelrose: Aquamarin, Phantomamethyst

Haarausfall: Amethyst, Jaspis, Rhodonit, Rosenquarz, Onyx, Achat, Aventurin

Hämorrhoiden: Bergkristall, Amazonit, Turmalin, Heliotrop, Topas, Magnetit

Herzstärkung: Rosenquarz, Schneeflockenobsidian, Aquamarin, Amazonit, Rubin

Hexenschuß: Magnetit

Hormonzentrale: Aventurin, Nephrit, Türkis, Gold

Hyperaktivität, Ausgleich von: Lepidolith

Immunschwäche: Labradorit, Smaragd, Nephrit (Jade), Amazonit, Kunzit

Intuition: Rosenquarz, Amazonit, Streifenachat

Knochenheilung: Zoisit, Morion, Nephrit

Kopfschmerzen im Hinterkopf: Blutjaspis, Topas, Morion, Zoisit

Kopfschmerzen im Stirnbereich: Chrysopras, Malachit, Morion

Krampfadern: Amethyst, Topas, Saphir

Lebensenergiesteigerung: Rosenquarz, Heliotrop, Lapislazuli, Achat, Jaspis

Lebensmut: Rosenquarz, Grünquarz, Apatit, Baumquarz

Leber: Sodalith, Aquamarin, Bergkristall, Heliotrop, Mondstein, Jaspis, Topas

Liebeskummer: Kunzit, Rosenquarz, Amethyst, Weißer Achat

Limbisches Zentrum: Saphir, Smaragd, Dendritenkristall, Feueropal, Achat

Lunge: Rosenquarz, Karneol

Lymphsystem: Rhodonit, Amethyst, Turmalin

Magen: Milchquarz, Heliotrop, Beryll, Jaspis, Mondstein

Magenausgang: Rosenquarz, Amethyst, Sodalith

Mageneingang: Milchquarz, Tigerauge, Moosachat, Heliotrop

Magersucht: Rosenquarz, Milchquarz, Lapislazuli, Rosenquarz, Grüner Granat

Menses, schmerzhafte: Sodalith, Turmalin

Migräne: Amethyst, Jade

Milz: Karneol, Bergkristall, Jaspis, Turmalin, Baumquarz, Grüner Granat

Mückenstiche, als Auflage: Amethyst, Amazonit, Chrysopras

Müdigkeit: Karneol, Bergkristall

Narbenentstörung: Diamant

Narbenverheilung: Chrysopras, Magnetstein, Morion

Nebennieren: Saphir, Rubin, Tigerauge

Nervensystem: Bergkristall, Achat, Amethyst

Netzhaut: Sodalith, Chrysokoll

Nieren: Zoisit, Bernstein, Achat, Bergkristall, Citrin, Nephrit

Ödeme: Achat, Bergkristall, Amethyst

Reisekrankheit: Bergkristall

Rheuma: Malachit, Karneol, Bernstein

Schilddrüse: Amethyst, Rosenquarz

Schweißfüße: Amethyst

Selbstsicherheit: Tigerauge, Amethyst, Apatit

Stressauflösung: Mammutstein (Massage des gesamten Kopfes: je ein Stein in jeder Hand)

Tapferkeit: Moosachat, Rhodonit, Gold

Thymusdrüsen: Prasem, Azurit, Bandachat, Aventurin, Magnetstein

Traumzentrum: Diamant

Überanstrengung: Aventurin, Cordierith (Iolith), Heliotrop, Citrin, Mammutstein, Lepidolith

Überanstrengung der Beinmuskulatur: Jaspis, Hämatitjaspis, Schneeflockenobsidian, Karneol

Wadenkrämpfe: Hämatit

Warzen: Chrysokoll, Mondstein, Morion, Koralle, Rosenquarz, Turmalin, Smaragd, Jade

Wetterfühligkeit: Schneeflockenobsidian, Amethyst, Milchquarz, Jaspis, Karneol

Willensstärkung: Rosenquarz, Jaspis

Wunden: Bergkristall, Rosenquarz, Grünquarz, Rauchquarz

Zahnschmerzen: Malachit, Aquamarin

Zellerneuerung: Bergkristall, Rosenquarz

Zelluhr verlängern: Bergkristall

Zentrum der Erinnerung: Bergkristall, Hämatit, Turmalin, Schneeflockenobsidian

Zentrum der Freude: Amazonit, Apatit

Zentrum der Nächstenliebe: Sodalith

Farbwirkung der Edelsteine

Licht ist universal und unendlich und stellt eine unerschöpfliche Kraftquelle dar. Jedes Lebewesen wird unter seiner individuellen Farbe inkarniert. Diese Farbe ist unsere ganz spezielle Leitschwingung. Das Wesen jeder Farbe ist reiner Geist und somit kosmische Macht und Herrlichkeit. Die Farbenlehre unterteilt in drei Primärfarben: Blau, Gelb, Rot.

Diese drei Farben resultieren aus den drei Grundelementen allen Lebens, aus Sauerstoff, Kohlenstoff und Wasserstoff. Die Farbe weiß stellt ein Gemisch dieser drei Grundfarben dar. Allen Chakren sind Farben zugeordnet, die in den Abstufungen des Regenbogens den einzelnen Energiezentren zugeordnet sind.

Farben strahlen immer ungehindert in unser Unterbewußtsein. Das zeigt ihre heilende Wirkung auf Körper, Seele und Geist. Gut ausgewählte Farben unterstützen unsere Persönlichkeit, indem wir sympathisch auf unsere Umwelt wirken. Ihre individuelle Auswahl soll durch die nachfolgende Aufstellung der Farbwirkungen der Steine erleichtert werden.

Braune Steine: Sie fördern Geschicklichkeit und Stabilität.

Gelbe Steine: Sie beeinflussen die mentale Bewußtheit und die Nerven.

Grüne Steine: Sie unterstützen Heilung, Überfluß und Ausgewogenheit.

Goldene Steine: Sie bewirken Weisheit, Selbstvertrauen und stärken das Herz.

Hellblaue Steine: Sie fördern spirituelle Wachheit.

Indigo Steine: Sie strahlen Schutz, Stille und Stärke aus.

Orange Steine: Sie erzeugen Heiterkeit und befreien von dem Gefühl der Überverantwortlichkeit.

Rosa Steine: Sie fördern Liebe, Selbstachtung und Selbstwertgefühl.

Rote Steine: Sie steigern Vitalität, Sex und Mut.

Schwarze Steine: Sie abstrahieren Gedanken, schützen und weisen auf die materielle Welt.

Türkise Steine: Sie fördern Vergangenheitsbewältigung und Intuition.

Violette Steine: Sie beleben die Seele und fördern die Transformation.

Weiße Steine: Sie läutern den physischen, emotionalen, mentalen und ätherischen Körper.

Heilwirkung einzelner Edelsteine

Die Wirkung der Edelsteine auf den Menschen ist unbestritten, ihr Einfluß auf den Heilungsprozeß sehr förderlich. Die nachfolgende Aufstellung gibt eine systematische Übersicht über die einzelnen Edelsteine, ihre Heilwirkung und ihre Bedeutung. Unter den Kristallen sind die Quarze am häufigsten. Sie entstehen in mit Kieselsäure gefüllten Gasblasen, die allmählich auskristallisieren. Die meisten Mineralarten, Quarze und Feldspate entstehen aus Silicium und Sauerstoff, die mit gut 77% die häufigsten Elemente auf der Weltkugel und im menschlichen Körper sind. Quarze finden auf Grund ihrer Polarität Verwendung bei der Erzeugung von Ultraschall, zum Steuern von Sendern und Uhren, zum Speichern von Daten in Computern u.a.

Der bekannteste wasserklare Quarz ist der farblose Bergkristall. Als Farbvarianten erscheinen Amethyst, Citrin, Rauchquarz, Rosenquarz, die dichteren Chalzedone und Achate, Opale, Jaspis, Obsidian u.a. Die Oberbegriffe oder Familiennamen der Edelsteine bei Quarz, Chalzedon, Beryll oder Korund sind uns häufig bei einer speziellen Farbgebung unter einem anderen Namen bekannt. Hat der Beryll eine klare, hellblaue Tönung, so heißt er Aquamarin; ist er grün, heißt er Smaragd. Entsprechend heißt orangefarbener Chalzedon Karneol, rotbrauner heißt Sarder, dunkelgrüner Heliotrop und apfelgrüner Chrysopras.

Achat – feinfaseriges Quarzaggregat aus der Gruppe der Chalzedone. Farben meist blau, grau, beige, blaß.
Heilwirkung: Prostata, entstaut die Blase, entgiftet, Hirnhautentzündung, Augenleiden, Fieber, Wassersucht, Mondsucht, Epilepsie. Er aktiviert den Gallenblasenmeridian. In der Varietät als weißer Achat fördert er die Lichtbündelung in uns und damit die Aufnahmebereitschaft von Licht.
Besonderes: Achat stärkt psychisch den Mut. In der Mystik ist Streifenachat der Wetterstein, der den Regen vertreibt. Er ist dem Jupiter zugeordnet.

Amethyst – lila Quarzkristall. Seine Farbe erhält er durch Eisen, Mangan und Titan.

Heilwirkung: Mandeln, Luftröhre, beseitigt Pigmentflecken, Ödeme, Zeckenbisse, Schmerzen. Der Amethyst hilft, das persönliche Energiegefüge zu finden, indem er Frequenzüberlagerungen im physischen Körper löscht. Er zieht »Negativenergien« aus dem Körper. Anwendungsmöglichkeit bei offenen Beinen. Hierbei handelt es sich um eine typische durch lebensfunktionsstörende Frequenzen verursachte Krankheit, bei denen es zu starken Energiestaus kommt. Dadurch werden die Zellen in diesem Bereich dermaßen irritiert, daß sie mutieren und dieses Krankheitsbild verursachen.

Besonderes: Bei Alpträumen können Sie die Stirn mit Amethyst bestreichen, ihn abwaschen und unter das Kopfkissen, bzw. jeweils einen Stein rechts und links neben das Kopfkissen legen. Amethyst ist ein Schutzstein, der schlechte Gewohnheiten bricht.

Apatit – Calciumphosphat, erscheint als Glasglanz, durchsichtig bis undurchsichtig, in der Färbung gelblich-grün, braun, violett bis farblos.

Heilwirkung: Stärkt das Immunsystem, anwendbar auch bei Schlangenbissen.

Besonderes: Er entsteht als Beimischung von Eruptivgestein und Phosphorverbindungen als wichtiger Bestandteil des menschlichen Organismus. Das Skelett, die Muskulatur, das Gehirn und als Organ die Leber benötigen die knochenaufbauende und stabilisierende Eigenschaft des Calciumphosphats.

Aquamarin – hellblaues Beryllium-Tonerde-Silicat. Farbgebende Substanz ist Eisen.

Heilwirkung: Arme, Hände, rechte Herzhälfte. Aquamarin mit Jaspis oder Rosenquarz wirkt entzündungshemmend.

Besonderes: Der Aquamarin fördert spirituelle Visionen und sonstige Sensibilität im allgemeinen und löst Blockaden im Hals-, Genick- und Kieferbereich auf.

Bergkristall – durchsichtiger Quarzkristall.
Heilwirkung: Lungen, Schilddrüsenkrankheiten und die hierdurch entstehenden Krankheiten wie z.B. Herzkrankheiten, Verdauungsbeschwerden, große Hitze, Magen- und Hormonstörungen, Müdigkeit, Blutungen. Bergkristall gleicht Zelldruck und Zellspannungen aus.
Besonderes: Der Bergkristall schützt die Bioplasmahülle vor Falschinformationen und Einflüssen von außen. Er erhöht das Schwingungsniveau, verbindet die materielle Welt mit anderen Realitätsebenen und hat die Fähigkeit, Energie zu steigern und zu transformieren. Er wirkt auf allen Ebenen, gleicht Yin und Yang aus und löscht Blockaden aus der Gesamtichheit.

Baumquarz – durch Kieselsäure versteinertes Holz, entweder faseriger Chalzedon, körniger Jaspis oder amorpher Opal. Seine Farbe ist beige-braun.
Heilwirkung: Hauptsächlich Wirkung auf das Zentrale Nervensystem.
Besonderes: Der Baumquarz stabilisiert die Psyche der Menschen, die mentalem oder emotionalem Streß ausgeliefert sind. Er fördert die Erinnerung an vergangenes Leben.

Bernstein – organisches fossiles Harz von Nadelbäumen, durchscheinend gelb bis braun. Er ist empfindlich gegen Alkohol und Hitze!
Heilwirkung: Er zieht negative, krankmachende Energien aus den Nieren, hilft gegen Blasensteine, Blasenleiden und hieraus entstehende Infektionskrankheiten, gegen Asthma, Leberleiden und insgesamt entschlackend.
Besonderes: Bernstein heißt brennender Stein. Er war der Schutzstein der Wikinger gegen Geister und Dämonen. Außerdem stärkt Bernstein die Menschen psychisch, die zu Selbstmord neigen.

Beryll – Beryllium-Tonerde-Silicat. Gemeiner Beryll ist Leichtmetallerz für das Metall Beryllium. Er erscheint in den Farbvarietäten grün als Smaragd, hellblau als Aquamarin, hellgelbgrün als Heliodor, orangebraun als Morganit, golden als Goldberyll.
Heilwirkung: Er hilft bei Vergiftungen.
Besonderes: Beryll nimmt zuviel angestaute Plusenergie, Yang aus dem Körper (z.B. bei Streitsucht).

Calcit – Calciumcarbonat, ein Kalkspat, der neben dem Quarz am häufigsten verbreitetes Mineral der Erdoberfläche ist. Er erscheint in den Farben weiß, grau, rötlich, gelb, grün, orangebraun und in den Varietäten als Doppelspat, Rhomboeder mit doppelter Lichtbrechung und als Argonit.
Heilwirkung: Aufsteigender Dickdarm, Knochengerüst, Karies.
Besonderes: Calcit fördert die intellektuellen Fähigkeiten.

Chalzedon – feine Quarzfasern, streifig durch sichtbare Lagen und verschiedene Farbgebung durch diverse Beimengungen. Bekannteste Farbe ist hell- bis taubenblau. Er erscheint in den Varietäten als orangefarbener bis roter Karneol, rotbrauner Sarder, grüner Heliotrop oder Blutjaspis mit roten Punkten, apfelgrüner Chrysopras, grün-weißer Moosachat.
Besonderes: Chalzedon gilt als der Stein der Redner, und er stärkt die Willenskraft.

Chrysokoll – Kupfersilicat, Kieselmalachit, grün, blau. Vorkommen als Spaltausfüllung von Kupfererzen.
Heilwirkung: Verdauungsstörungen, Geschwüre aller Art, beruhigt Herz-und Kreislaufgeschehen.
Besonderes: Chrysokoll wirkt psychisch beruhigend bei Angstzuständen.

Chrysolith – synonym für Olivin und Peridot, Magnesium-Eisensilicat. Seine Farbe ist olivgrün, sein Vorkommen als Kristall und Aggregat in Magmatiten.
Heilwirkung: Wetterfühligkeit und hieraus resultierende Krankheiten wie z.B. Herzrhythmusstörungen und gegen Verstopfung.

Besonderes: Chrysolith erdet bei kosmischen Störungen. Er fördert die Öffnung zur inneren spirituellen Einsicht und entwickelt Hellsichtigkeit. Als Wirkung auf die Psyche vermindert Chrysolith negative Gefühle, hilft gegen Melancholie und gleicht Yin und Yang aus.

Chrysopras – apfelgrüner Chalcedon, farbgebende Substanzen sind Nickelsilicate. Vorkommen in Knollen und Spaltfüllungen.
Heilwirkung: Hilft bei Gicht und Epilepsie.
Besonderes: Chrysopras wirkt auf die Psyche gegen Fremdeinwirkungen jeder Art, gegen Besessenheit als auch gegen kosmische Störungen. Er gilt als hervorragender Schutzstein.

Citrin – grüngelber bis gelb oder goldbrauner Quarz, farbgebende Substanz ist Eisen. Citrin wird fälschlicherweise auch Goldtopas genannt.
Heilwirkung: Nieren, Verdauung, Darmsymbiose, ganzer Bauchtrakt, Drüsen anregend, Diabetes.
Besonderes: Citrin hilft, mentale Blockaden zu überwinden.

Diamant – reiner kristalliner Kohlenstoff, farblos, gelblich, hellorange, bräunlich bis schwarz. Vorkommen als Kristall in alten Vulkanschloten.
Heilwirkung: Gicht, Schlaganfall, Gelbsucht.
Besonderes: Diamant schützt gegen Fremdeinwirkungen, gegen Süchte und Nondualität. Mystisch soll selbst der Teufel den Diamanten fliehen.

Hämatit – Eisenoxid. Synonym ist Magnetit, magnetisches Eisenoxyd, seine Farbe ist metallisch schwarz glänzend. Vorkommen als Kristall, als Rosetten und Aggregate.
Heilwirkung: Kleinhirn, wirkt entschlackend auf Blut, Leber, Nieren und Milz und entgiftet. Eisen ist das Zentralatom des Hämoglobin, welches eines der Hauptbestandteile der roten Blutkörperchen ist. Diese Erythrozyten sind für den Sauerstoff- und Kohlendioxidtransport des Blutes verantwortlich.

Besonderes: Hämatit wird auch Blutstein genannt, da er wegen seines Eisengehaltes das Schleifwasser rot färbt. Er hilft psychisch bei der Erdung. Der Hämatit wurde in Babylonien und Ägypten als heilbringendes Amulett getragen. Im Mittelalter wurde er als blutstillendes Mittel eingesetzt.

Heliotrop – dunkelgrüner Chalzedon mit roten Pünktchen, auch Blutjaspis.
Besonderes: Heliotrop schützt die Aura, unsere Bioplasmahülle, vor Falschinformationen von außen.

Hyazinth – rotbrauner Zirkon, Zirkoniumsilicat. Farbgebende Substanzen sind radioaktive Elemente. Vorkommen als Kristall in Magmatiten.
Heilwirkung: Allergien, Hautausschläge, Masern, Röteln.
Besonderes: Hyazinth wirkt auf die Psyche, indem er die Wollust kühlt.

Jade – Calciummagnesium-Eisensilicat, grün bis schwarz. Farbgebende Substanz ist Eisen und Chrom. Vorkommen als Kristall und feinfaseriges Aggregat in basischen Magmatiten.
Heilwirkung: Neuralgien, Grippe.
Besonderes: Jade gleicht Polaritäten, Yin und Yang aus und löscht bestehende Blockaden zum eigenen Geistführer. Jade bewirkt Frieden, Durchlässigkeit, Weisheit, Gelassenheit, Anpassungsfähigkeit.

Jaspis – Hornstein, feinkörniges Quarzaggregat, undurchsichtig beige bis dunkelrot, gesprenkelt in verschiedenen Farben.
Heilwirkung: Aorta, Gehirn, Schmerzen, Ohren, Herzkrankheiten. Anwendungsmöglichkeiten über den Blasenmeridian.
Besonderes: Jaspis wirkt bei kosmischen und terrestrischen Belastungen (Wasseradern, Erdverwerfungen), hilft Müttern bei der Geburt und löscht diesbezüglich Engramme. Er zieht Radioaktivität aus dem Körper. Jaspis auf die Schläfe gelegt, ebnet den Weg in die raum- und zeitlose Ebene und führt auch wieder zurück.

Deshalb ist er sinnvoll als Begleiter auf Reisen in vergangene Leben. Jaspis soll nach mythischen Berichten auch gegen Schlangenbisse wirken.

Karneol – feinfaseriges orange bis rotes Quarzaggregat der Chalzedone. Vorkommen in sinterförmigen Krusten und Hohlraumausfüllungen.
Heilwirkung: Venen, Aorta, Geschlechtsteile, Hüftbereich, Rheumatismus, Nasenbluten, schmerzhafte Menses, Parodontose, Blutvergiftung. Karneol wirkt entwässernd.
Besonderes: Karneol fördert die Erdung auf psychischer Ebene.

Lapislazuli – Aggregat verschiedener Mineralien. Farbgebende Substanz ist Lasurit, ein Mineral der Sodalithgruppe, weiße Muster sind Calcit, goldene Punkte sind Pyrit. Vorkommen in Marmor. Lapislazuli ist empfindlich gegen Säuren und Hitze.
Heilwirkung: Menstruationsstörungen, durch Menses entstandenes Kopfweh, Insektenstiche, Hautkrankheiten, Blutergüsse, Bluthochdruck, Allergien, Entzündungen, fiebersenkend.
Besonderes: Lapislazuli hilft gegen psychische Depressionen. Das Blau des Lapislazuli verkörperte für die Ägypter die Vergeistigung, vereint mit dem goldenen Pyrit die Bewußtheit und gibt somit Einblick in die Unsterblichkeit der Seele.

Magnesit – Magnesiumcarbonat, gelblich weiße Knollen.
Heilwirkung: Atmungsorgane, Würmer, Dickdarm, Nase, Milzchakra, Schilddrüse, Stirnhöhle, Mund, Zähne. Magnesiummangel kann lebensbedrohlich sein, da die Hauptaufgabe des Magnesiums die Aktivierung der Enzyme ist. Auch die Schulmedizin wählt Magnesiumverbindungen zu zahlreichen Medikamenten.
Besonderes: Magnesit wirkt psychisch auf das Gleichgewichtszentrum, Sinuskurven-Impulssteuerung, Traumzentrum, Musikzentrum und den Geruchssinn. Magnesit in beide Hände genommen zieht Radioaktivität aus dem Körper.

Malachit – Kupfercarbonat. Die satte grüne Farbe zeigt den Ort kupferführender Erzlager. Malachit ist die Oxidationsschicht, die als knollenartiges Aggregat aus Azurit erscheint. Malachit ist empfindlich gegen Säuren und Hitze.

Heilwirkung: Er stärkt das Immunsystem, löst Milz-Pankren-Fehlfunktionen, Asthma, Vergiftungen, Rheuma. Kupfermangel führt zu Verwertungsstörungen des Eisens und somit zu Eisenmangel.

Besonderes: Malachit löscht Engramme wie Ödipuskomplexe, löst damit Partnerschaftsprobleme und heilt traumatische Verletzungen. Er fördert emotionale Verantwortlichkeit und Ausgeglichenheit. Malachit gilt den Ägyptern als Stein der Visionen. Er unterstützt den Heiler bei seinen Heilungen.

Milchquarz – milchig weißer Quarz.

Heilwirkung: Wirkt wohltuend auf Hinterkopf, Kleinhirn und Atemzentrum.

Besonderes: Auf psychischer Ebene begünstigt Milchquarz Liebe, Friede und Harmonie. In Verbindung mit Aquamarin ist er in der Lage, das Raumklima zu harmonisieren.

Mondstein – Kalifeldspat, durchscheinend pastell, seidig glänzend. Beliebteste Variante schimmernd bläulich.

Heilwirkung: Optimiert die Epiphyse, regelt den Hormonhaushalt der Frauen, löst Blockaden der Lymphklappen. Achtung! Nie bei Vollmond oder Menses benutzen!

Besonderes: Der Mondstein gilt in Indien als heiliger Stein.

Morion – Durch radioaktive Strahlung fast geschwärzter, transparenter Quarz, dessen Kristallgitter durch Gammastrahlen zerstört ist. Der Morion, Varietät des helleren Rauchquarzes, kann bei dem Einsatz zu Heilzwecken heller werden. Damit wird das ursprüngliche Kristallgitter wieder hergestellt. Vorkommen als Kristall und Aggregat.

Heilwirkung: Lymphsystem, Zentrales Nervensystem.

Opal – in allen Farben schimmerndes Gel aus Kieselsäure und Wasser. Vorkommen in Spalten vulkanischer Gesteine.
Varietät Feueropal – orange bis rot schimmerndes Kieselsäuregel.
Heilwirkung: Fördert den Stoffwechsel.
Besonderes: Feueropal baut Gefühlsschlacken ab.

Varietät Wasseropal – Girasol, farblos durchscheinendes, amorphes Gel aus Kieselsäure und Wasser.
Heilwirkung: Er gleicht Körperenergien aus.
Besonderes, allgemein: Als Stein der Avatare wirkt Opal auf alle Chakren positiv ausgleichend und hilft kosmisches Bewußtsein zu erlangen, indem er Körper-Seele-Geist zur Einheit verbindet.

Orangencalcit – orangefarbener Calcit.
Heilwirkung: Stärkt das Zentrale Nervensystem, wirkt heilend bei allen nervlich bedingten Krankheiten.

Onyx – schwarzer Achat, häufig mit weißen Streifen durchzogen.
Heilwirkung: Knie, Beine, Füße, Wetterkrankheiten wie Angina Pectoris, Magengeschwüre, Milzschmerzen, stärkt besonders blauäugige luftempfindliche Menschen.
Besonderes: Onyx wirkt gegen Traurigkeit und fördert die Erdung auf psychischer Ebene.

Peridot – siehe Chrysolith

Phantomquarz – Quarz mit sichtbaren Wachstumsstadien durch Ablagerungen anderer Mineralien.
Heilwirkung: Süchte, auch psychisch.

Prasem – grüne Quarzvarietät durch Einlagerungen von Hornblende-Prasem oder Chromglimmer-Aventurin. Daher synonym Grünquarz und Aventurin.
Heilwirkung: Sonnenbrand, Allergien, Hämatome, Schulter, Wirbelsäule. Zur Anwendung gegen Allergien empfehle ich, den Prasem ca. 10 Minuten auf den Bauchnabel zu legen und ihn danach gründlich abzuwaschen.

Besonderes: Auf psychischer Ebene unterstützt der Prasem Astralwanderungen und leistet Sterbehilfe über den Geistigen Führer.

Pyrit – Schwefelkies, Eisensulfid. Farbgebende Substanz ist Schwefel, Vorkommen als Kristall in Erzgängen magnetischer Abfolge und Sedimenten.
Heilwirkung: Mageneingang.
Besonderes: Pyrit wirkt beruhigend bei Ängsten und Depressionen durch Stärkung des Astralkörpers, in dem sich unsere Gefühle abspielen.

Rauchquarz – rauchbrauner Bergkristall. Farbgebung durch radioaktive Bestrahlung des Nachbargesteins.
Heilwirkung: Stütz- und Bindegewebe, Kreislauf, Vorstadium von Krebs.
Besonderes: Rauchquarz ist hervorragend geeignet für Meditationen. Er heilt im mentalen und ätherischen Bereich und unterstützt die Erdung auf psychischer Ebene.

Rosenquarz – rosafarbener Quarz. Farbgebende Substanz ist Mangan. Mangan aktiviert Enzyme.
Heilwirkung: Stirnhöhle, Nase, Dickdarm. Anwendungsmöglichkeit über den Milz-Pankren-Meridian.
Besonderes: Rosenquarz fördert die Sicht in die Akashaebene. Er heilt angestaute Herzenswunden, lehrt die Kraft der Vergebung und reprogrammiert das Herz zur Selbstliebe.

Rhodonit – Mangansilicat, rosafarben mit schwarzem Manganoxid durchzogen. Vorkommen als Aggregat in Manganerzlagerstätten.
Heilwirkung: Wirkt befreiend auf die Lunge.
Besonderes: Rhodonit heilt Gefühle und fördert die Vergebung und die liebevolle Einstellung.

Rubin – roter Korund, Aluminiumoxid. Farbgebende Substanz ist Chrom; der Stern eines Sternrubins ensteht durch Titan. Aluminiumsulfat wird in der herkömmlichen Medizin als Antiseptikum verwendet.

Heilwirkung: Virengrippe, Darmgrippe, Bauchnabel, Kopfschmerzen, Kreislauf.

Besonderes: Der Rubin wirkt gegen kosmische Störungen und Stimmungsschwankungen. Er erzeugt Harmonie zu allen Lebensformen. In der Mystik soll der Rubin Tote erwecken.Ihm wird Pyramidenkraft zugeschrieben.

Saphir – blauer Korund, Aluminiumoxid. Farbgebende Substanzen sind Eisen und Titan. Er erscheint in den Farbvarietäten blau, gelb, violett und farblos (roter Korund heißt Rubin).

Heilwirkung: Fiebersenkend, Rheumatische Kopfschmerzen, Augenleiden, Star. Er hilft gegen hohen Blutdruck, gegen Geisteskrankheiten und bessert die Gehirnfunktion.

Besonderes: Der Saphir berührt das Gute im Menschen. Er beruhigt die Nerven, ist gut für die Meditation und gibt klare Einsichten.

Sarder – rosaroter Chalcedon.

Heilwirkung: Fieber, Bluthochdruck und daraus entstehende Krankheiten, Gelbsucht, Entbindung, Gehörverlust nach Infektionskrankheiten wie Meningitis.

Sodalith – Aluminiumsilicat, durchscheinend blau bis undurchsichtig. Vorkommen in kieselsäurearmen Magmatiten.

Heilwirkung: Stirnhöhle, Augen, Nase.

Besonderes: Der Sodalith wirkt psychisch auf das Stirnchakra, fördert Hellsichtigkeit, Mut und Ausdauer. Er befreit von unbewußter Angst und Schuld und gleicht Gefühle aus.

Smaragd – grüner Beryll. Farbgebende Substanz ist Chrom. Vorkommen in Kristallen als Einschlüsse.

Heilwirkung: Akne, Epilsepsie, Virengrippe, Kopfschmerzen, Na-

gelbettentzündungen, Infektionen der Augen, pegelt den Blutdruck ein, tötet Bakterien und unterstüzt die Heilung im Allgemeinen.
Besonderes: Der Smaragd kann auf psychischer Ebene den Bewußtseinstod und somit neues Leben bringen.

Selenit – wasserklarer Calcit als Fasergips, Marienglas. Vorkommen als Kristall in sedimentären Abfolgen, feinkörnig als Lichttransmitter.
Besonderes: Er fördert Kontakte zu Lichtengeln, klärt den Verstand und aktiviert die spirituelle Einsicht.

Topas – Edeltopas, Unterscheidung zum Goldtopas, wie irrtümlich der Citrin genannt wird. Edeltopas ist ein Tonerdesilicat in den Farben gelb, rosa, blau bis farblos. Farbgebende Substanzen sind Eisen und Chrom. Vorkommen als Kristall in Zinneinlagerungen als fluoridhaltiges Mineral.
Heilwirkung: Bindehautentzündung, Appetitlosigkeit, Hämorrhoiden und Epilepsie können geheilt werden. Er wirkt auf Milz, Herz, Geschmacksinn und zentrales Nervensystem. Beschwerden der Wechseljahre und der Wirbelsäule können damit behandelt werden.
Besonderes: Der Topas wirkt beruhigend auf die Psyche. Er hilft gegen terrestrische Strahlung wie Wasseradern, Erdverwerfung, Nervenzusammenbrüche und Erschöpfungszustände. In der Mystik ist der Topas der Stein, der Regen macht, aber auch der Stein des Adepten auf dem Weg zur Erleuchtung.

Tigerauge – goldbraun gestreiftes, paralellstengeliges Quarzaggregat. Einlagerung von feinfaserigem Brauneisen. Er ist empfindlich gegen Säure.
Heilwirkung: Knochen, Gelenke, Bewegungszentrum, Leber, Viren, Bakterien. Anwendungsmöglichkeit über den Dünndarm-Meridian.
Besonderes: Das Tigerauge fördert die psychische Harmonie. Es soll auch gegen Kater helfen. In der Mystik gilt das Tigerauge als Schutzstein.

Türkis – Tonerde-Phosphat. Farbgebende Substanzen sind Kupfer und Eisen. Vorkommen in Spalten aluminiumhaltiger Gesteine als Knolle.

Heilwirkung: Augenkrankheiten, Störungen des gesamten Respirationstraktes, Kreislauf. In Verbindung mit Saphir für Krankheiten des Herzens im allgemeinen hilfreich.

Besonderes: Auf psychischer Ebene kann der Türkis auf das Halschakra wirken. In der Mystik gilt ein Türkis als starker Schutzstein gegen schwarzmagische Angriffe.

Turmalin – grünes Borsilicat. Farbgebende Substanzen sind Chrom, Mangan, Nickel, Kobalt, Titan. Turmaline laden sich durch Reiben elektrisch auf. Vorkommen als Kristall. Borsäure ist uns als Borax oder Borwasser als mildes Antisepticum bekannt. Die gleiche Mildheit besitzt der Turmalin.

Heilwirkung: Grippe und Krebs können behandelt werden. Er wirkt auf Galle, Niere, Lymphe, aktiviert die Thymusdrüse, regeneriert die Zellspannung und optimiert die Zelluhr.

Besonderes: Im psychischen Bereich stärkt der Turmalin die Nerven. Er gilt als physischer und emotionaler Heilstein und soll auch verjüngend wirken.

Sie erhalten beim Verlag gegen Einsendung
eines ausreichend frankierten und adressierten Rückumschlages
eine Liste von Edelsteinversandhändlern und Informationen
über weitere Veröffentlichungen über Edelsteine,
die über den Buchhandel zu beziehen sind.

Windpferd Verlagsgesellschaft
»Edelsteinversandhändler«
Postfach
D-87648 Aitrang

Sofia Sienko

Der Steinschlüssel

Eine umfassende Einführung in das Stein-Reich. Wie man die Geheimnisse der Edelsteine entschlüsseln, ihre Energien freisetzen und zum Heilen nutzen kann Mit farbigem Edelsteinlexikon

„Der Steinschlüssel" ist ein Kurs in Edelsteinheilkunde. Sofia Sienko hat das Buch geschrieben, das sie sich gewünscht hat, aber nirgends finden konnte, als sie anfing, sich mit Edelsteinen zu beschäftigen. Und sie warnt: dieses Buch macht süchtig nach Steinen. Es informiert umfassend, aber nicht abgehoben, einfach und eingängig über Edelsteine mit allem „Drumherum" wie sie zu Reinigen, auf den Benutzer einzustimmen, die spezielle Schwingung freizusetzen, mit ihnen zu heilen und vieles mehr. Etwa 100 der meistgebrauchten Edelsteine sind in ihren Heilwirkungen beschrieben und farbig abgebildet.

256 Seiten, DM/sFr 34,00/ öS 265,00, ISBN 3-89385-156-9

Franz Benedikter

Die Psyche streicheln

Die Geheimnisse zärtlicher Berührung. Wie durch streicheln Hormone freigesetzt werden, die glücklich, gesund und schön machen

Durch sanftes Berühren bestimmter Körperzonen entspannende oder aktivierende und euphorisierende Hormone freisetzen. Franz Benedikter zeigt mit seinem kompakten Übungsprogramm, wie man durch Selbst- und Partner-Massage, die eher ein zärtliches Berühren ist, auf das gesamte Wohlbefinden einwirken kann. Wie neueste wissenschaftliche Erkenntnisse belegen, lösen Berührungen der Haut hormonelle Reaktionen aus. Endorphine bringen Glücksgefühle, erhöhen die Leistungsbereitschaft, heben das Lebensgefühl und steigern die sinnliche Wahrnehmung.

160 S. DM/sFr 19,80/öS 155,00 ISBN 3-89385-143-7

Walter Lübeck

LEA – Lebensenergiearbeit

**Die Grundlagen der feinstoffli-
chen Lebensenergiearbeit verstehen und kreativ einsetzen
Das Handbuch zur persönlichen
und globalen Heilung**

LEA – Lebensenergiearbeit – das
sind alle Methoden, die mit der
Wahrnehmung und Beeinflussung
feinstofflicher Kräfte arbeiten, die
Spiritualität auf praktische Art und
Weise in unser Leben integrieren
und natürliche Fülle und Harmonie
verbreiten. Noch nirgends sonst
wurden die Lebensenergien, mit
denen spirituelle Systeme arbeiten,
so ausführlich und differenziert dargestellt sowie praktische Anleitungen gegeben. Auch auf mögliche
Probleme bei falscher Anwendung
von Lebensenergie wird eingegan-
gen, ebenso auf Visualisierung,
Farbenergieheilung, Atemarbeit
und Rituale.
272 Seiten, DM/sFr 24,80/
öS194,00, ISBN 3-89385-154-2

Werner Koch

Die Kraft der Visionen

**Mit der Kraft der Vorstellung
neue Ziele stecken, Wünsche
realisieren, Energie freisetzen
und dem Leben entscheidende
Wendungen geben
Neue Perspektiven und Horizon-
te entdecken**

Visionen sind Energiequellen, die
unseren Handlungen Richtung und
Sinn geben. Sie führen uns aus
Gewohnheiten heraus, lassen neue
Lösungsmuster vor unserem inneren Auge entstehen, erweitern
unser Verständnis und verändern
unsere Wirklichkeit.
Visionen haben heilende Kraft: Wir
können mit ihrer Hilfe das Hormon-
system stärken und erkrankten Zellen den Weg zur Gesundung zeigen. Bilder, die krank machen,
werden zu Krankheitsbildern.
Dagegen werden Vorstellungen zu
Medizin, wenn sie durch heilende
Bilder ersetzt werden.
192 Seiten, DM/sFr 19,80/
öS 155,00, ISBN 3-89385-158-5

Dr. Frank Ros

Geheimnisse ayurwedischer Akupunktur

Mit den drei Doshas, den fünf Elementen und den zwölf Energie-Kanälen ganzheitlich diagnostizieren und heilen

Ein leicht verständliches und praktisches Buch, das nicht nur für den Therapeuten bestimmt ist, sondern jedem viele wichtige Anregungen gibt, der sich selbst im Rahmen einer ganzheitlichen Lebensführung bewußt mit Gesundheit auseinandersetzt. Die vorgestellten Methoden sind sehr anschaulich anhand vieler Zeichnungen illustriert. Besonders die Darstellung der drei Doshas, fünf Elemente und der zwölf Bio-Energie-Kanäle sowie die Einführung in den ayurwedischen Biorhythmus sind für alle an neuartigen Erkenntnissen über Heilsysteme Interessierte von großer Bedeutung.

224 Seiten, DM/sFr 29,80/
öS 233,00, ISBN 3-89385-140-2

Takeo Mori und Dragan Milenkovic

Geheimnisse der japanischen Astrologie

Ein einführendes Handbuch zur Persönlichkeitsanalyse und Partnerwahl. Fünf Elemente, neun Sterne und zwölf Tierkreiszeichen weisen den Weg zur richtigen Entscheidung

Dieses Buch ist eine kurze Einführung in das bei uns noch relativ unbekannte System der japanischen Astrologie, das in Japan in jedem Haushalt zu finden ist. Tabellen, Diagramme und klare Deutungen informieren über die Zahlen, Farben, Elemente, Tierzeichen und Sterne, die in diesem faszinierenden System der Schicksalsvorhersage für unser Leben eine bestimmende Rolle spielen. Besonders spannend sind die Verbindungen zum Fünf-Elemente-System und den Neun Sternen des Feng-Shui.

128 Seiten, DM/sFr 16,80/
öS 131,00, ISBN 3-89385-145-3

Christa Kössner

Handbuch für Singles, die es nicht länger bleiben wollen

Der erfolgreiche Weg, Zufriedenheit und Glück in einer von Liebe, Vertrauen und Verständnis geprägten Partnerschaft zu finden

Die Chance, Single zu sein oder Single zu werden, ist heute größer denn je. Auf dem Land wird schon jede dritte Ehe geschieden, in der Stadt jede zweite. Viele bleiben Single – die meisten unfreiwillig. Für diese wachsende Gruppe hat Christa Kössner dieses Buch geschrieben. Von der Single-Typologie über Single-Verhaltens-Symptome wie Fehlprogramme, Maskenspiele und Unnahbarkeits-Blockaden findet der Single hier ein Repertoire von verschiedensten Spiegelbildern, in denen er sich wiederfinden, woran er arbeiten und sich entwickeln kann.
208 Seiten, DM/sFr 29,80/
öS 233,00, ISBN 3-89385-152-6

Dr. John Grey, Bonney Meyer

Gute Karten für die Liebe

Ein inspirierendes Karten-Set für Klarheit, Glück und Erfüllung in Beziehungen und Partnerschaften

Mit „Gute Karten für die Liebe" können wir mehr Klarheit in unsere Beziehungen bringen und konstruktiv handeln. Das Karten-Set ist eine Quelle der Weisheit und ein liebevoller Führer, der uns hilft, die Art von Beziehung zu schaffen, die wir wirklich wollen – ob es sich nun um persönliche, freundschaftliche oder geschäftliche Beziehungen handelt.
Die Karten zeigen, was uns im Moment zu unserem Glück fehlt und welche anderen konstruktiven Alternativen es gibt – damit wir uns wieder wohl fühlen können. Das Buch enthält einen Kommentar zu jeder Karte und zeigt, wie man sie benutzt.
160 Seiten und 64 Karten
DM/sFr 49,80/öS 389,00

Walter Lübeck

Handbuch des spirituellen NLP

Geistige Brücken, die Herz und Verstand auf harmonische Weise verbinden und eine neue Lebendigkeit bewirken

Spirituelles NLP ist die gelungene Kombination von verschiedenen bewährten therapeutischen Modellen zu einem Kurzzeit-Therapie-Programm auf spiritueller Basis: die Förderung von Liebe, Bewußtsein und Eigenverantwortung – eine konsequente Weiterentwicklung bewährter Methoden, um essentielle Aufgaben zu bewältigen und große Lebensziele zu erreichen – durch Einbeziehung des Inneren Kindes und des Höheren Selbst. Spirituelles NLP berücksichtigt im besonderen spirituelle Erkenntnisse über Sinn und Struktur der menschlichen Existenz.

256 Seiten, DM/SFr 24,80
ÖS 194,00 ISBN 3-89385-124-0

Rosita Arvigo und Michael Balick

Die Medizin des Regenwaldes

**Heilkraft der Maya-Medizin
Die 100 heilenden Kräuter von Belize**

Noch heute gibt es im tropischen Regenwald Schamanen, die das alte Wissen um die Maya-Medizin und deren tiefe Weisheit hüten und weitergeben. Der Regenwald birgt unvorstellbar große Schätze einer verborgenen, heilkräftigen Pflanzenwelt.
Der Regenwald ist eine Heilstoffquelle – und eines der letzten ursprünglichen "Naturreservate", die es auf diesem Planeten noch gibt. Die Ethnobotaniker Dr. Rosita Arvigo und Dr. med. Michael J. Balick widmen sich ganz der Erhaltung und der Verwendung dieses traditionellen Wissens – und des Regenwaldes, aus dem es stammt.

240 Seiten, DM/SFr 24,80
ÖS 194,00 ISBN 3-89385-137-2

Walter Lübeck

Rainbow-Reiki

Alte und neue Techniken zur Erweiterung des Reiki-Systems um kraftvolle spirituelle Fähigkeiten

Rainbow-Reiki ist ein erprobtes System komplexer Energiearbeit. Grundlage von Rainbow-Reiki, einer gelungenen Kombination alter und neuer Methoden, ist das Usui-System des Reiki.
Rainbow-Reiki erweitert das Usui-Reiki-System um hochwirksame Techniken der Energiearbeit und gibt Möglichkeiten zur direkten Zusammenarbeit mit feinstofflichen Wesen beziehungsweise Lehrern. Die Herstellung von Reiki-Essenzen ist ebenso Teil des Systems wie geführte Aura- und Chakra-Arbeit, der Umgang mit Kraftplätzen, auch die Schaffung neuer eigener Kraftplätze mittels Reiki-Mandalas gehört dazu.

240 Seiten, DM/SFr 24,80
ÖS 194,00 ISBN 3-89385-125-9

Roland Stenglin

Reiki – Energie und Weg

Eine umfassende und fundierte Einführung in Theorie und Praxis der universalen Lebensenergie

Mit der Popularität von Reiki steigt auch die Nachfrage nach möglichst sachlicher und umfassender Information. Roland Stenglin legt hier allgemeinverständlich dar, was Reiki ist, wie Reiki funktioniert und was Reiki bewirken kann.
Er beschreibt die Phänomene des Reiki-Systems mit beinahe wissenschaftlicher Genauigkeit und Folgerichtigkeit – und hat damit ein sehr wichtiges Buch zu diesem Thema geschaffen. Vergleichende Bilder wie das »Resonanz-Prinzip«, »Der feinstoffliche Radar« oder »Der Körper als Meßstation« helfen, das hinter Reiki wirkende Energieprinzip zu verstehen.

176 Seiten, DM/SFr 19,80
ÖS 155,00 ISBN 3-89385-135-6